特色学校聚焦丛书　**丛书主编　杨四耕**

儿童是天生的探索者

360° 科学启蒙教育

邓姝雯◎主编

华东师范大学出版社

编委会

好学校的性格色彩

这些年，我与中小学、幼儿园有许多"亲密接触"。从这些学校中，我发现了一个"秘密"：好学校总有自己的性格色彩，总有自己的精神属性。

好学校有丰富的颜色

好学校一年四季都有风景。春天，你走进它，有各色花儿，红的像火，粉的像霞，白的像雪。夏天，你置身其中，绿草茵茵，就算骄阳似火，也有阴凉。孩子们可以踢球、打滚，可以任性。秋天，你老远就可以看到，枫叶红了，橘子黄了，婀娜多姿；冬天，你靠近它，香樟绿环绕着你，垂柳枝笼罩着你，你不会觉得单调。当然，环境的价值不在于"装扮"，而在于让心灵沉静，让生命多彩。它是生命哲学的演化，是内心深处的讴歌与赞美。法国思想家卢梭说教育的核心是"归于自然"——回归"自然状态"，回归人之原始倾向。善良总存在于纯洁的自然之中。好学校总是拥有自然的纯净与原始美，它努力让孩子们与美好相遇。静谧，美好——好学校是温润的。

好学校有足够的成色

成色是衡量一所学校教育境界的一个指标，是一所学校的"育人"含金量。如果一所学校的含金量定位为考试成绩，它的成色就是混浊的；如果一所学校的含金量定位为立德树人,它的成色就是清纯的。黎巴嫩诗人纪伯伦说过:"我们已经走得太远,以至于忘记了为什么而出发。"教育是为着我们不曾拥有的过去,为着我们不曾经历的当下,为着我们不曾想到的未来。教育之原点在激发想象,而不仅仅是学习知识;教育之原点在发展理性,而不仅仅是讲授道理;教育之原点在鼓励崇高,而不仅仅是理解规范;教育之原点在丰富经历,而不仅仅是掌握技艺;教育之原点在温暖心灵,而不仅仅是强化记忆;教育之原点在强健身心,而不仅仅是发展智能;教育之原点在点亮人生,而不仅仅是预知未来。回归原点,是好学校的立场。不功利——好学校是纯粹的。

好学校有优雅的行色

优雅是让人向往的,有来源于生命本身的气质。每一个人都行色匆匆,孩子们被课业压得喘不过气来,教师被成绩比较而形成优劣阵营,这样的学校就不会是一所好学校。什么是好学校?孩子们表情舒展,教师们精神敞亮——每到一所学校,我总喜欢以这样的眼光去观察师生的生命状态。我发现,在好学校,孩子们的脸总是明晃晃的,有美好期待;教师的行色总是从容优雅,有专业自信。女孩子沁人心脾,男孩子风度翩翩,生命在人性层面焕发出动人光彩。一句话,每一个生命都自然而然地生长,这里有一种难以言说的气息在校园里弥漫开来、传播出去。面对此,我只能说:好学校是舒展的。

好学校有鲜明的特色

办学特色是一所学校整体呈现出来的系统性特征,集中表现在基于学校文化的课程体系。学校办得好不好,不在于规模有多大,而在于特色是否鲜明,是否有足以体现自己文化的课程架构。好学校行走在有逻辑的课程变革之路上,努力让学校课程富有倾听感,关注学生的学习需求;拥有逻辑感,建构严密的而非拼盘的课程体系;嵌入统整感,更多地以整合的方式实施而非简单地做加减法;饱含见识感,以丰富学生的学习经历为取向;提升质地感,课程建设触及课堂教学变革,课堂教学呈现出新的文化样态。一句话,好学校课程目标凸显内在生长,课程内容突出学习需求,课程结构强调系统思维,课程实施张扬生命活性,课程评价与管理彰显主体向度。好学校关注学习方式的多变性和场景性、学习时间的灵活性和可支配性、学习空间的多元性与舒适性、学习资源的丰富性和易得性,让所有的时空都成为课程场景,让孩子们学习作品的形成、展示、发布、分享成为校园里最美的景观,让时空展现出生命成长的气息和灵动。是啊,好学校有生命里最美好的记忆。

好学校有厚重的底色

厚重的底色不在于办学时间长短,而在于拥有强烈的文化自信。进入学校,我喜欢看墙上的"文字"。多年经验告诉我,文化不在墙上,很多时候,墙上的文字越多,学校的文化含量越低。道理很简单,大量文字堆放在墙上,说明这种文化还没有被老师们普遍认同,更谈不上内化于心、外化于行;说明这种文化还缺乏影响力,还没有被大众广泛接受,需要宣示和传播。一所学校是否拥有自己的教育哲学,是否拥有自己的教育信仰,是它"底色"如何的重要侧面。毫无疑问,好学校应该有自己的教育信仰。但是,教育信仰不是文字游戏,不是专家赐予的东西。信仰是从内心深处生长出来的,是从脚底下走出来的,是从指尖流淌出来的,是慢慢地生长、慢慢地走出来、慢慢地流淌出来的东西。唯有"慢慢地"才能"深深地","深深地"才能"牢牢地",扎下根来,进入我们的灵魂,融入我们的血液,成为我们生命的构成,成为我们前行的力量。文化总是无言或少言,但让人作出判断和选择。好学校,你一走进去,一种向往感、追慕感、浸润感便油然而生。因此,好学校是柔软而有力的。

美国思想家梭罗在《种子的信仰》一书中把好学校比喻为"一方池塘",每一个孩子在其中如鱼得水,自由自在,这就是"回归自然"的状态。不是吗? 好学校总是这样的——温润,纯粹,舒展,美好,柔软而有力——这也是本套丛书聚焦的一批学校的性格色彩。

杨四耕

2019 年 5 月 30 日于上海市教育科学研究院

目 录

儿童是"天生的探索者"

　　每一个儿童都是小小的探索者,他们在好奇心的驱动下,以自己生命的热情来探索世界,以自己独特的语言来描绘世界。上海市嘉定区南翔幼儿园在"大拇指教育"理念的引领下,对儿童开展 360°立体化科学启蒙教育。我们期待,找寻一把梯子,引领儿童走进奇妙的科学世界。

　　儿童是一个完整的人。找寻一把梯子,让我们走进整体的儿童成长。教育部在2012 年颁布的《3—6 岁儿童学习与发展指南》中提出:"关注幼儿学习与发展的整体性。儿童的发展是一个整体,要注重领域之间、目标之间的相互渗透和整合,促进幼儿身心全面协调发展,而不应片面追求某一方面或几方面的发展。"当前幼儿科学教育不再仅仅注重静态科学知识的获得,而更重视科学素养的养成,即科学精神、科学探究能力、解决问题能力等方面的培养。科学启蒙教育作为南翔幼儿园"大拇指"课程体系中的重要组成部分,在实施过程中我们更重视儿童认知与情感的和谐发展、五大领域的平衡发展。

　　儿童有问不完的问题。找寻一把梯子,让我们一起呵护儿童的好奇心。360°科学启蒙教育以兴趣萌发为轴心,来源于对 3—6 岁儿童发展特点的思考,呵护他们的好奇心。儿童总对周围的世界充满疑惑:"为什么小白兔的眼睛和我们人的眼睛不一样?""为什么树叶会枯萎?"……他们的小脑瓜里有着许许多多的"为什么"。这一阶段的儿童由于其认知水平正处于前运算(动作思维)阶段,对事物的感知需要通过触摸、玩耍和借助直观形象多感官参与、体验来获得。因此,对他们进行科学启蒙教育时,立体化的教学模式比较切合他们的认知水平和特点,有利于提高科学启蒙教育的效果。我们遵循儿童的年龄特点、认知发展规律,制定适宜的科学活动目标,内容选择符合儿童原有经验与水平,从他们喜欢又熟悉的事物出发,让儿童在操作体验中感受科学探索的乐趣。

　　儿童是社会的参与者。找寻一把梯子,让儿童能有广阔的空间去探索尝试。360°科学启蒙教育以课程资源为平台,动用所有教学要素让儿童的科学探索更有意义。儿童生活的环境即是他们的学习场所,触及到的资源越多,对他们科学兴趣的激发就越有价值。在科学启蒙教育的过程中,我们注重发挥教师、家长、社会的支持作用,使儿童认知与情感、态度统一,萌发对周围事物的探究兴趣,逐步拓宽视野,学习用自己的方式观察世界、发现世界、解读世界。

儿童是奇妙的学习者。找寻一把梯子,让儿童能用多种学习方式去体验、去感悟。360°科学启蒙教育以全方位学习方式为基础,促进儿童了解科学知识、掌握科学方法、认识科学精神、萌发科学态度。爱因斯坦曾经定义科学为"探求意义的经历",刘占兰教授在其所著的《学前儿童科学教育》一书中,将各国著名科学家对科学的定义加以概括和提炼,总结为:科学不仅仅是已经获得的知识体系,更是通过亲身经历去探求自然事物的意义,进而理解这个世界的过程。我们意识到要让儿童主动学习,就要立足"幼儿主体"进行多方面的支持,给予幼儿寻找到适合自己发展的方式。幼儿的学习方式可以分为观察学习、操作学习、倾听学习、交往学习、模仿学习、合作学习等,这些学习方式在具体的教育中都需要整合才能被实际利用。科学是系统的、有广泛联系的,但目前大部分幼儿园开展的科学启蒙教育相关活动有些片面,把科学知识割裂地开展教育,不全面,有时甚至自相矛盾。我们通过研究,立体建构科学常识,帮助幼儿建立相对完整的科学概念,在完整性、广泛联系性、辩证性等方面进行有机地培养,满足幼儿对科学常识多感官体验的需要。

经过三年的研究,我们在科学启蒙教育中不断思考、实践、调整,有了自己的独特认识。本书第一章阐述了科学启蒙教育中如何基于幼儿的年龄特点和认知发展水平,尊重客观事实,构建立体化目标,为幼儿开启立体化科学启蒙教育。第二章阐述了科学启蒙教育中用多种方式激发幼儿主动探究的内在动力,在大自然、实验室、学习室中,以目标驱动,触动幼儿手指尖上的智慧,启动探索科学奥秘的旅程。第三章阐述了幼儿科学教育途径的立体化,让幼儿通过游戏、剧目表演、媒体应用、实践体验等立体化途径,在亲身体验中感知、发现与操作,为幼儿开启自主探索之路。第四章阐述了科学启蒙教育的立体化过程,全园联动,以瀑布推进、链式互动、立体延伸、涟漪放射等方式,为幼儿科学启蒙教育开启智慧之路。第五章阐述了幼儿科学启蒙教育的立体化评价,在评价中见证幼儿的发展,发现教学模式的不足,以全方位的评价模式,让幼儿的科学启蒙教育更完美。第六章阐述了科学启蒙教育管理的立体化,通过多种立体化模式的摸索,让幼儿在动静交替的探索过程中,在相互关联的探索空间中,调动幼儿多种感官,发挥科学管理立体化的最大价值,为幼儿科学探索之路奠定了基础。

在幼儿园科学启蒙教育立体化模式构建的实践与研究过程中,我们收获了孩子和教师的共同成长。从不同维度、内容立体化地架构幼儿园科学启蒙教育,探索了较为完整的科学启蒙教育的形式、内容和方法,在360°科学启蒙教育中促进幼儿全面和谐发展。

上海市嘉定区南翔幼儿园园长 邓姝雯
2019 年 3 月 1 日

第 一 章

拨云撩雾探科学

儿童是天生的科学家,他们具有强烈的好奇心,大千世界对他们来说无不充满着奇幻的乐趣,周围的事物和现象都是神奇的宝库。他们用自己的方式感受并体验着这个世界,更是通过自己的探索获得对世界的认识。因此,我们需要着重保护好孩子的求知欲,以科学启蒙教育为基点,培养他们的探索创新能力。科学启蒙教育不是向孩子们灌输一些粗浅的科学知识,也不是让他们读一些关于科学的书籍,告诉孩子一些科学问题的答案。科学启蒙教育的内容不仅仅是知识启蒙,更是兴趣和态度的启蒙,针对幼儿科学启蒙教育内容上存在片面化和简单化的现象,我们立足于立体化的科学启蒙教育,为孩子提供多元的发展内容,更有针对性地满足他们的需求,激发孩子对科学的兴趣,培养探索精神。

3—6岁孩子的认知能力有了较大的提高,在《〈3—6岁儿童学习与发展指南〉解读》中,刘占兰教授将幼儿对周围事物和现象的认识概括成6个方面的主要内容:常见的动植物、常见物体、常见物体现象、天气与季节变化、科技产品和环境及其与人们生活的关系。[①] 在这些基础上,结合我园的办园理念,我们开展立体化科学启蒙教育,让各活动的联系更加紧密、更系统化。教育不是线性的过程,而是更为灵动、复杂的过程。"幼儿科学教育内容的核心概念分别为:多样性、变化、循环与相互作用。"[②]以此四大核心概念所架构的幼儿科学启蒙教育的内容,为我们提供了实施内容上的参考。立体化科学启蒙教育是幼儿主动构建的过程,是基于幼儿的兴趣尝试探究的过程。立体化科学启蒙教育是群体性的活动过程,是幼儿与同伴、材料等互动的过程。同时,幼儿学习的场所不仅仅局限在幼儿园。立体化科学启蒙教育也不是一次性的教育活动,而是激发幼儿学习兴趣、养成良好学习品质的终身学习活动。

每一个幼儿都是独特的、具体的、发展的个体。对他们而言,通过直接经验进行的学习是最有效的。因此,在立体化科学启蒙教育内容的选择上,不仅要符合科学的原理、尊重客观事实,也要符合幼儿的年龄特点和认知发展水平,让幼儿在探索中能理

---

① 李季湄,冯晓霞.《3—6岁儿童学习与发展指南》解读[M].北京:人民教育出版社,2013.
② 刘艳.学前儿童科学教育[M].成都:西南交通大学出版社,2012.

解、接受科学知识，掌握探究事物的科学方法，激发他们的创造力与合作精神，提高沟通交流能力，形成提出问题和解决问题的思维习惯。

教育内容有其整体性、关系性、丰富性、生成性和多重性，因此，我们以链接生活、元素组合、项目建构、巧用材料等方式，开启立体化科学启蒙教育。

第一节　链接生活的"磁力场"

科学来源于生活，生活离不开科学。立体化科学启蒙教育即以幼儿的生活为中心，基于幼儿的兴趣，生成科学启蒙教育内容。由于幼儿年龄较小，生活经验较少，教师可以预设符合幼儿年龄特点的情境，将幼儿置身于教育情境中，诱发和唤起幼儿学习和探究的兴趣，把教育的内容转化为幼儿的兴趣和需求，激发幼儿的学习动机。立体化科学启蒙教育的内容之一即是把链接生活作为主题，开展一系列的活动，让科学启蒙教育更接地气，让幼儿生活丰满充实。

一、当科学与生活相遇

链接生活，是指立体化科学启蒙教育的内容是面向幼儿的生活实际，寻找到科学启蒙教育与幼儿生活的最佳结合点，使科学教育走进幼儿的生活，更走进幼儿的心灵，形成科学的态度与良好的学习品质。

科学教育源自生活，更是为了生活。立体化科学启蒙教育链接生活，把幼儿在生活中关注到的现象，结合其原有的经验和水平，使幼儿在探究中收获，乐于尝试，充满学习的内在动机。链接生活有其坚实的实践基础，因此，让立体化科学启蒙教育的内容充满生命力和实践价值。

科学就在每一个孩子的身边。链接生活让幼儿以自己的方式与生活中的事物相互作用，在生活中积累经验，在理解中获得发展，并将自己的发现与理解运用于不同的情境，积累更多的经验。"因此，从幼儿起，我们就要引导幼儿在探究身边事物与现象的活动和游戏中，构建科学知识，获得科学经验，形成对科学现象的好奇心，养成对事实高度尊重的态度，引导幼儿体验科学对人们生活和环境的影响，激发他们对创造的热情和对自然与环境的关爱与尊重。"①链接生活的立体化科学启蒙教育内容能让幼儿在自己的生活轨迹中主动尝试与探索，在不断积累和重建的过程中会学习、会生活，成为生活的有心人，懂得科学对生活的意义，将实践中获得的经验和方法回归到生活本身中去，更好地生活。

立体化科学启蒙教育内容链接生活，把幼儿生活中最熟悉的、感兴趣的事物作为探究和发现的内容，有其重要的意义。

(一) 回归原点，追随幼儿的发展

对于3—6岁的幼儿来说，由于年龄特点和认知能力方面的限制，科学启蒙教育内容的选择要符合幼儿的年龄特征，要充分考虑幼儿的思维水平和接受能力，满足幼儿发展的需要，激发他们的学习热情。

每一个孩子都是不同的，他们有自己独特的生活风格，因此，老师需要敏锐地捕捉到不同孩子的需求，寻找到最有价值的部分，有目的性地调整教育内容，并准确地判断孩子当前的经验水平，将其转化为最可实现的、最利于孩子发展的教育内容。老师要以追随幼儿的经验为主，尝试着师生共同构建科学启蒙教育的内容，从而更适合幼儿的学习，更有利于幼儿的发展。

(二) 与时俱进，与幼儿一起成长

科技日新月异，孩子们在飞速发展的时代中成长起来，他们会关注到时代发展的各种产物，如电脑网络、纳米技术、各种现代化的交通工具（如地铁、轻轨、高铁）等等，他们接触到的也是现代化的科技产品（电脑、iPad、电话手表等），因此，立体化科学启蒙教育的内容需要与时俱进，所设计的内容要与现代科学技术紧密结合。老师在向孩子介绍一些高科技产品之前，需要熟悉、体验并了解这些科技产品，才能与孩子在与时俱进的时代中一起成长起来。

在与时俱进、飞速向前发展的同时，我们也可以和孩子一起追溯过去，感受科技发展过程的伟大与辉煌。让孩子了解当人们没有这些科技产品时，生活是什么样子的；在发明与创造的过程中，人们又付出了怎样的努力与辛劳；为了更好的生活，人们用聪

---

① 刘占兰.学前儿童科学教育[M].北京：北京师范大学出版社,2014.

明才智不断探索、创造,发明了各种便利于人们生活的科技产品。让孩子在感受科技智慧的闪耀中,了解科学技术的变迁为人们生活带来更多的快乐。在这承前启后的过程中,科学启蒙教育的内容也会变得更加立体化、更加生动饱满。

(三) 遇见传统,传承历史与文化

我国地大物博,每一个地方都有其特定的人文环境。我们幼儿园地处古镇,有着悠久的历史、深厚的人文底蕴及传承久远的本地特色,我们根据以上特色选择科学启蒙教育的内容。南翔镇上的孩子都会去古猗园里游玩,小桥、流水、花园、长廊等各具风韵。老街上有各种传统特色小吃,还有梁代的云翔寺和古井,五代的双塔、檀园和桥梁,清代乾隆御碑及民国许苏民先生墓等文物古迹。这些是南翔古镇历史和文化的缩影,更是孩子们在日常生活中能亲眼所见、亲手触碰的事物,这些不同于书本上的一行字,或是影视中的一个片段。在与这些传统相碰撞时,每个孩子都有自己的理解和认知。因此,因地制宜对于立体化科学启蒙教育内容的设置是非常必要的。

从本镇的实际出发,选取合适的科学教育内容,不仅能让幼儿链接生活,更是一种文化的传承。科技飞速发展的今天是怎样发展延续的,其中凝结了多少的努力与奋斗,在追根溯源中,幼儿能对实际生活中的一些事物有更清晰、更系统的认识,能把当地的文化传统、民族精神融入内心。让孩子们走走老街,聊聊好吃的小笼包,看看文物古迹,感受其发展变迁,在科学启蒙教育的同时传承与发扬历史与当地的文化,激发孩子们热爱祖国、热爱家乡的情感。

二、当科学蔓延于生活

教育渗透于一日生活中,那么科学教育的场域在哪里? 我们不能拘泥于单一的教学场所及内容,而要拓宽科学教育的场域及教学途径,结合孩子们的生活情境,努力挖掘科学教育的活水源头,多渠道、多方位地让幼儿在更大、更广阔、更生活化的时空中开展科学教育。

(一) 大自然是一本教科书

大自然的内容极其丰富,是一本为我们准备的天然教科书。福禄贝尔为自己的学

前教育机构命名为"儿童的花园",他让孩子们尽情地与大自然接触,在花园里种花植草、观察昆虫和小鸟,在户外尽情奔跑和玩各种游戏。山、水、风、雷、电等等,这些都是孩子们的伙伴和知识来源,充满着清新、健康、生活的乐趣,自然是孩子们的必修课。让孩子们在野外玩耍,多接触大地、小草、蚯蚓等生活中常见的事物,了解气象变化和各种动植物等等,我们生活的大自然中包含着万千的科学知识。

冬天里观察冰雪的变化,日光下感受光影的有趣现象。蚯蚓为什么断了之后还能活着呢? 蚂蚁的城堡是如何搭成的呢? 蜗牛到底吃什么? 针对在大自然中发现的一系列问题,我们有时会与个别幼儿进行交流沟通;有时支持和引导部分有兴趣的幼儿扩展、生成他们自己的活动。他们主动寻找工具和材料研究,不断探索,可能会延续到教室、自然角中,或是引发小组、集体的科学探究活动,逐步深化对事物的认识,积累科学经验。总之,幼儿在大自然中感受到的有趣科学现象,我们以各种方式支持他们,让他们乐于探究。

(二)社区里的科学种子

社区中蕴含的教育资源十分丰富,为我们开展科学教育活动提供了广阔的平台。通过对周边社区资源的利用与挖掘,丰富幼儿科学学习的环境与内容,让科学内容更贴近生活。

我们先筛选社区教育资源,了解哪些是适合幼儿园的可利用的科学教育资源,并根据幼儿的年龄特点制定方案。然后,将筛选出的资源建立资源库进行研究,和社区联系并且组织幼儿实践。通过实践后,对活动情况进行分析,和班内幼儿探讨活动后的感受,从而生成出更多的科学探索,进行延伸活动。如参观养乐多工厂,幼儿通过观看影片、听工作人员介绍和自主参观等,增长了许多关于乳酸菌的知识,了解了乳酸菌对人身体的益处。和"养乐多菌"人偶一起进行了知识抢答,让孩子们对养乐多及有益菌有了更进一步的认识。参观养乐多制作车间,孩子们近距离地看到了养乐多的整个生产流程,对先进的科学技术有了更直观的认识,激发了他们对现代科技的好奇与喜爱。

(三)学校里的科学小世界

幼儿园里处处有科学,我们采用灵活多样的方式融于一日生活中。除了集体教学活动、区域活动这样的科学探索活动外，我们还开设智趣园，建立专用的活动室，让幼儿在科学的世界中尽情畅游。自然角和小菜园更是能让幼儿自由直接地接触到实际的客观世界，运用多种感官感受周围事物的变化，引导幼儿记录现象和信息，在交流互动中逐步形成自己的科学概念。

（四）家庭里的科学实验室

越来越多的家长开始重视对孩子科学兴趣的培养，在家里家长们也主动尝试一些材料简单、过程有趣的小实验，把常见的科学原理、科学现象贯穿始终，让孩子在游戏玩耍中掌握奥秘，爱上科学实验。

家里有科学实验室了，我们定期让孩子们带着家长来幼儿园做实验，每学期开展科技游戏节，让孩子和家长大显身手，把家里好玩的科学实验搬入幼儿园，和所有小朋友们一起分享，让孩子们在好玩的科学实验中感受科学的神奇。

（五）神奇的科学时代

科学技术的发展改变了我们传统的认知方式。光电子信息产业全面更新现有的各类信息手段，满足了人们对信息最广泛的需要。软件产业使遍及各个领域的数据、信息、知识得以广泛传播与应用。智能机械为人们提供了智能机器人、计算机和智能汽车、火车、飞机等，使人类的智能获得新的解放。这些也潜移默化地影响着幼儿，他们能接触到更为广泛的知识，能熟悉更多软件的应用，能见识各种智能工具，他们的生活已经发生了巨大的改变。

因此，我们提供更多的机会让幼儿了解这些最新科技。如参观科技园，让孩子们了解最新的科技产品；在入园时与幼儿园里提供的机器人互动打招呼，接触有趣的机器人；与供电公司合作，让孩子了解用电的安全，并登上绝缘斗臂车，真实体验了"带电作业"的场景，这些都激发了孩子们探究科学的兴趣。

三、当科学渗透于生活

孩子们对周围的世界充满了探究的兴趣，他们乐于自己动手操作，积极与同伴互动，特别是在新鲜的场所里，孩子们会观察、能发现，对活动更投入，开拓视野，积累学习经验。

这里有一个案例,老师利用生活中的牵牛花变色的现象,和幼儿一起探索,充分激发幼儿好奇、好问、好探究的特点。

 **案例 1-1**

牵牛花变色啦(大班)

一、活动目标

通过简单的小实验,感受牵牛花的变色现象,体验生活中有趣的自然科学。

二、活动准备

试剂:草酸,苏打,酚酞,石蕊,水

器材:烧杯,锥形瓶,玻璃棒,药勺,小气球

三、活动过程:石蕊遇酸和碱的变色实验

1. 兴趣导入:老师向孩子们提问:自然界中常见的牵牛花是什么颜色的?

2. 集体讨论:有的孩子回答紫色,有的孩子回答红色,有的孩子回答蓝色。老师给出答案——三种颜色都有可能,从而引发孩子们的好奇心:为什么牵牛花会有不同的颜色,而生活中常见的花却只有单一颜色?

3. 实验操作:用药勺取少许石蕊粉末,投入 100 mL 烧杯中,加适量水充分搅拌溶解。接着投入一定量苏打,搅拌溶解。再投入足量草酸,搅拌溶解。

实验现象:石蕊溶于水原本是紫色,加碱性苏打会显蓝色,再加酸性的草酸会显红色。

实验结论:通过石蕊遇到不同的酸碱性环境会显示不同的颜色,揭示了自然界中牵牛花变色的原理,因为牵牛花中含有与石蕊类似的色素。

(案例提供者:赵洁玉)

在本次活动中老师和孩子们一起分享牵牛花变色的小实验。通过自然界常见的现象,引发孩子们的好奇心,带动孩子们积极思考。通过实验操作,让孩子们观察牵牛花变色的现象,以及变色过程中出现的多种可能性,使孩子们感受到生活中的事物都

蕴含着神奇的自然规律,启迪孩子们的心灵,激发孩子们对生活中科学的兴趣,让孩子们感受到科学需要在生活中不断尝试、积极探索、勇于实践。

四、当科学融汇于生活

立体化科学启蒙教育的内容涉及了生活的方方面面,紧密连接着生活。老师在选择其内容时一定要有对生活的高度敏感性和准确的价值判断,挖掘出适合幼儿的内容,带领着幼儿在科学世界中展翅翱翔。

(一) 做生活的有心人

生活是一扇美丽的窗,老师要和孩子们一起去捕捉生活中稍纵即逝的机会和资源,由此迸发出的灵感与激情。老师自身必须会生活、热爱生活,能做一个生活的有心人,才能和孩子们一起对接触到的事情感同身受,激发孩子们观察、思考与探索。让孩子们用眼睛去观察,用耳朵去倾听,用手去触摸,用脚去触碰,用头脑去思考,用心去感受。孩子们会观察不同季节中的动物,会探寻光影的奇妙世界等等,他们对生活中经历的一切事物都有自己的观察和想法。做一个生活的有心人,才能感受生活的美丽,探索生命的奥秘。

(二) 提供适宜的环境

适宜的环境是激发幼儿想象力、创造力的加速器。幼儿应置身于美好的、充满游戏色彩的、能幻想与创造的世界中。幼儿需要这样美丽的环境,并与环境互动,让环境变得更加美好与丰盈。因此,教师需要为孩子们创造良好的环境,适时投放适合幼儿年龄特点、满足幼儿需求的材料。幼儿在亲身体验中激发探索欲望,在生活中为孩子们提供实践的机会,满足他们的好奇心,让他们在不断尝试中积累经验、树立信心。

环境不仅是提供物质材料,老师更需要提供安全的、自然美的心理环境。在日常生活中创造宽松自如的环境,和孩子们一起去感受和发现,这样能自然而然地唤起幼儿对周围事物的兴趣,用鼓励和赞美的语言让幼儿得到愉快、成功的体验,并能始终保持着对科学积极、好奇的心态,从而让幼儿与周围环境形成最融洽的相处模式,让他们有质量地成长。

第二节　元素组合的"七巧板"

　　每一个孩子都是一个与众不同的个体,是独立的自我,而教育就是要发现每一个孩子特殊的、特定的自我。立体化科学启蒙教育要将各领域元素组合,如让喜欢绘画的孩子在画画时感受到事物(纸笔等)的神奇,喜欢运动的孩子在运动情境中体验科学(力、平衡等)的奥秘等等。孩子们对有兴趣的事物能多角度地去感受、发现,在与多元的材料和环境互动中强化自己最粗的"神经",灵活地发展,提升能力,做最好的自己。

一、倾听幼儿内心的声音

　　元素组合是指立体化科学启蒙教育的内容结合了各领域元素(健康、语言、社会、艺术),能让幼儿在实际操作中自由选择,有助于激发幼儿科学探索的意识,在科学实践中获得成功的快乐。

　　孩子们千差万别,有自己的爱好与特质。米兰·昆德拉曾提到"不确定的智慧"。孩子们的世界和智慧构建是我们不可预设的。幼儿有自己的个性,可能在某一方面有强烈的兴趣和专长,或许是"偏科"的。因此,我们遵循孩子们的个性发展,因材施教,满足孩子们内心的需要。正如乔布斯所说:"成就一番事业的唯一途径就是热爱自己的事业,听从自己内心的声音,做自己想做的事。"元素组合正是倾听幼儿内心的声音,发展属于他们特别的爱好,去尝试自己特别想做的事。元素组合能让立体化科学启蒙教育的内容更满足幼儿的发展,让我们绘制出幼儿科学探究的内在与外在版图。

　　立体化科学教育的内容丰富多彩,神奇有趣。组合元素即是充分发挥各领域元素的魅力,巧妙地在科学教育中渗透各领域元素,吸引幼儿,激发他们的好奇心和科学探索的欲望,提高对科学探索的敏感度,让幼儿在充满兴趣的事物中,用科学的探究方法去发现问题、解决问题,体验科学中的乐趣,培养好奇、好问、好探究的科学精神。

　　立体化科学启蒙教育内容的元素组合,是遵循幼儿的个性发展及其生活轨迹,让幼儿以自己的方式和周围的世界相互作用,去探索、获得真正内化的关键经验,对其终身发展有重大的意义。

（一）每一次探索都是发现的契机

每个幼儿都有理解世界的独特方式。元素组合为孩子们的自由探索和发现提供了一定的机会和条件。没有固定、准确的答案，孩子们可以在其中以一种安全、舒适的状态进行尝试与发现。没有时间的硬性规定，孩子们可以用他们自己的速度去自由探究发现。没有失败，孩子们满足于自己的探索，对活动有着积极良好的感受，能全身心地投入。根据自己的学习进程开展的学习活动，让孩子们能自由地探索，感受过程中的快乐或是成功的体验。

（二）每一种体验都是兴趣的升华

兴趣是幼儿主动学习的动机。在元素组合的科学启蒙教育中，用孩子们感兴趣的事物激发他们探究的动机和积极性，一方面是保护幼儿的好奇心和探究热情；另一方面，老师对幼儿感兴趣的内容进行价值判断，有意识地由浅入深地进行引导，让孩子们的经验得到有价值的发展。

幼儿的发展不仅仅是通过探究，元素组合为科学启蒙教育打开了更多学习的模式，如游戏、角色扮演、绘画等等，这些不仅能激发幼儿科学学习的热情，更能增进对科学本质的理解，内化相关的知识经验。

元素组合的科学启蒙学习能让孩子们兼顾和统一兴趣与发展，能让幼儿在兴趣的指引下，发展相应的能力，形成相应的知识概念等，体验科学的过程和本质，保持着对科学的兴趣和对周围世界的积极态度。

（三）每一段经历都是发展的飞跃

立体化科学启蒙教育内容的元素组合，是以儿童为本位的教育，更体现了关注幼儿的科学教育理念。孩子们的生活方式、与同伴的交往以及与环境中事物相互作用，形成了他们独特的人格结构。同一种方式无法满足不同的孩子，将科学教育的内容以元素组合的形式呈现，是遵循教育规律，是对幼儿成长的尊重，是对他们未来发展的突破。

元素组合为孩子提供适宜的学习条件，如果孩子更偏向运动，那么我们科学情境化的运动,能让他们在喜欢的运动中感受到科学的有趣现象。孩子们所做的事能满足他们的需要或爱好,让孩子们在充满兴趣和乐趣的过程中体验科学启蒙教育带来的快乐。

元素组合能让幼儿自己做选择,孩子们对活动有一定的控制权和选择权。孩子们可以选择自己感兴趣的事物,发展自己的“长处”,去体验成功的喜悦。元素组合能成为孩子们发自内心的学习,激发他们对科学活动的主动性、积极性和独立性,形成良好的个性品质。

二、凝注幼儿多彩的世界

幼儿是天生的探索家,他们在认识周围世界的过程中,会有很多科学发现,这些发现涵盖了生活的方方面面,更是渗透在各种丰富多彩的活动中。遵循幼儿学习与发展的整体性和交叉性规律,各领域元素之间都有其不可分割的联系,通过立体化科学启蒙教育的元素组合,让幼儿在科学学习中,感受丰富多彩的世界,得到个性的发展。

(一) 结合运动元素,灵动科学王国

孩子们喜欢在大自然中奔跑,玩耍。正如《上海市学前教育课程指南》中提到的“用动作模仿周围事物的形态和动作特征,感知运动节律的变化”、“用各种感官主动感知周围事物的特征,比较事物的异同,发现事物之间的关系”、“亲近大自然,有观察、探索周围事物与现象变化与发展的兴趣”。孩子们在运动中能用自己的肢体动作及感官探索周围的科学现象。

因此,我们将运动元素与科学启蒙教育相结合,将“身边的科学”内容渗透到运动中,通过运动性的科学情景游戏等,将科学启蒙教育的内容融入到孩子们每天都接触到的运动中,让孩子们在快乐的运动中,感受科学带来的有趣,了解好玩的科学现象。在研究幼儿年龄特点的基础上,有意识地把3—6岁幼儿能理解的一些科学现象通过他们喜欢的运动、游戏等形式呈现,使幼儿在参与的过程中感受、探索、发现有趣的科学现象,增强他们在运动中关注大自然、关注周围事物的现象与变化,为孩子们爱科学、爱探索的科学精神奠定基础。

食物旅行记(大班)

运动技能：以爬为主

科学原理：食物消化吸收的过程

一、活动目标

1. 通过模拟食物在体内消化吸收的过程,发展匍匐、膝盖悬空爬等技能。

2. 在游戏中感知各消化器官的功能,养成良好的饮食和卫生习惯,学习保护自己的科学方法。

二、活动准备

1. 场地布置：口腔—食道(小爬梯)—胃(垫子)—小肠(钻筒)—大肠(自制钻网)

2. 知识准备：初步了解各消化器官的功能。

三、活动过程

1. 开始部分：引导幼儿用动作扮演各种食物,舒展身体。

2. 基本部分：每位幼儿按意愿扮演自己喜欢的一种食物(水果、蔬菜、饼干等),装扮进行身体内的旅行。"食物"按顺序分别进入口腔、食道、胃、小肠、大肠等消化器官,鼓励幼儿做出相应动作进行模拟。(1)进入口腔：自由跳动身体,感受食物在口腔中被咀嚼的状态。(2)进入食道：攀爬滑下,体会食物的下滑。(3)进入胃：自由在场地上爬行,探索爬行的方法,感受蠕动。(4)进入小肠、大肠：鱼贯爬行、蹲走,体会吸收营养,储存废物。(5)进入肛门：蜷曲滚动,体验将"废物"排出体外。幼儿按食物消化的顺序通过各个"器官",做出相应的动作。

3. 结束部分：放松运动。

活动过程中我们可以提醒幼儿按食物消化顺序通过各个"器官",做出相应的动作,帮助幼儿巩固对消化顺序的认识。在幼儿进入"消化器官"前,提醒幼儿不拥挤,与前一位幼儿保持一定的距离,以免碰撞。

(案例提供者：徐立希)

(二) 渗透语言元素,更具立体思维

《3—6岁儿童学习与发展指南》中指出:"语言是交流和思维的工具。幼儿期是语言发展,特别是口语发展的重要时期。幼儿语言的发展贯穿于各个领域,也对其他领域的学习与发展有着重要的影响。"幼儿的语言发展与立体化科学启蒙教育有着不可分割的联系。语言能加深幼儿初步形成的科学概念,能对新认识的物体命名、描述、比较、发现物体的不同点和相同点。在孩子们表述的过程中,他们会寻找词汇表达出自己的所观、所思、所感,能把一些随意的想法进行加工,逐步形成理解、判断、推理的能力,对科学现象和一些原理有更深入的了解。

我们鼓励幼儿用自己的方式表达自己的发现和想法,为他们提供了多种选择记录自己成功解决问题的方法,赞赏孩子们自己制作的科学小图书,让孩子们自主构建他们自己的科学世界。我们提供了问题互动墙、电子互动屏、点读笔、电子科学游戏等等,让幼儿在科学的世界中对话、交流,激发他们学习的愿望,产生长期学习科学的动机,在好玩有趣的科学世界中享受学习与交流的机会。

(三) 融入社会元素,畅想和谐美好

幼儿从出生开始即处于一定的社会环境和关系中,他们需要融入社会环境,接受所在群体的价值观和行为方式,逐步形成自己的个性。对人、对事的态度和自己独特的生活、学习风格直接影响着孩子们一生的发展。科学学习的过程,不仅是一个人独立完成,有时候是和同伴一起沟通、协调、共同探索的过程。当孩子们完成一个目标时,他们的目标意识、合作意识、沟通能力、自我控制和调节能力都得到了显著提高。每个孩子在操作实践之后,都会有表达的欲望和不成熟的感受与想法,通过和同伴的沟通交流,可以梳理头脑中的信息,甚至可能出现和同伴针锋相对的情况,这能让自己的思考及认知水平得到提高。融入了社会元素的科学启蒙教育能让孩子们的科学学习更有责任感、更有效。

我们提供先进的光学力学仪器,让幼儿一起体验这些高科技产品带来的感受并进行交流。利用家长资源,我们开展科技游戏的各种小实验,让幼儿一起在做做玩玩中发现神奇的科学奥秘。利用社会资源,孩子们和南翔中学的哥哥姐姐们一起完成各种有趣的实验,感叹他们的奇思妙想。参观供电局,体验电的各种神奇现象,感受科技带给我们生活的便利。一系列的活动,让幼儿参与和社会群体及机构的互动,与社会环

境建立和谐美好的关系,感受科学的美好,激发学习的热情。

(四) 引入艺术元素,展开无限奥秘

《3—6岁儿童学习与发展指南》中指出:"幼儿审美经验的获得,是一种在审美范畴内感悟生命的能力和看待事物的新的方式和经验的获得,而这种直觉、想象、顿悟的感性思维方式有别于通过科学认知等领域的学习所发展起来的那种逻辑的、程序性的理性思维方式,只有二者相辅相成,才能使幼儿整体地、更完美地理解世界。"在立体化科学启蒙教育中引入艺术元素,能让幼儿在发现事物特征与现象的同时,感受美好,发现一个属于自己的世界。

我们利用绘画材料的多样性设计活动,让幼儿感受不同材料中隐藏的奥秘,如利用蜡笔不被水粉覆盖的原理,让幼儿发现藏在画中的小奥秘。利用自然现象开展美术创作,如手影画,把有趣的自然现象表现出来。创设问题情境,激发幼儿主动探索的愿望,解决问题,如好玩的变色,让幼儿在画画玩玩中了解三原色等等。在立体化科学启蒙教育中引入了艺术元素,激发了幼儿的观察力、创造力和表现能力,让孩子们的生活充满美好和乐趣。

三、接纳幼儿新奇的探索

元素组合为立体化科学启蒙教育开启了新篇章:发现不同幼儿的需要、发展特点或优势。通过元素组合,幼儿能从多方面建立对科学概念和现象的理解,使其成为独一无二的个体。教师也应该积极地发现他们的进步,建立每一个幼儿的正面形象,使他们对自己有正面的认识,获得成就感,拥有自信和自尊。

(一) 尊重,让幼儿自主探索

教学,就是每天寻找儿童的兴趣和观点。幼儿和成人的兴趣、发现都是不同的,我们要站在幼儿的角度,学会接纳和支持幼儿的兴趣和观点。成人认为无趣的事物,可能孩子们感兴趣并乐于探究。我们要提供他们所需要的环境和材料(尽可能是多元素的材料和工具),让幼儿自由地探索、自主地发现。

在运动、绘画和交流时孩子们有了与老师预想中不同的兴趣、观点,应相信孩子,

鼓励他们,尊重他们,尝试以孩子的视角去观察、去理解,做一个与幼儿平等的探索者、参与者。事实上,成人的世界真的是对的吗?世界那么大,有多少奥秘是未知的,老师本身也是一个探索者,也有很多未知,接纳孩子们的兴趣,和他们一起去尝试,或许我们都会调整自己的认识,有新的发现。

(二) 接纳,有温度的启蒙教育

在活动中老师常有自己的正确答案,元素组合的立体化科学启蒙教育让老师以更加多元的眼光去看待幼儿的科学探索行为。老师不仅要满足幼儿的好奇心、发现的热情、学习的渴望,更要丰富他们的认知行为,让孩子们在遇到困难和问题时,去尝试解决的办法和进行积极的情感沟通。

当孩子出现错误的情况,或是不能理解老师提出的问题时,我们不能为了追求想要的那个答案而不断追问,孩子们在追问下可能不敢说出自己真实的想法,并希望从老师那里得到答案。因此,当孩子有认知上的偏差时,要了解他们原有的经验和认识水平,在此基础上尽量让自然结果来反馈,让幼儿的认知在客观事实中得到调整,逐渐养成通过自己探索寻找答案的意识和尊重事实的科学品质。

(三) 评价,激发幼儿持续探究

元素组合的科学启蒙教学,对老师是一个挑战,要求老师能从孩子选择的材料和操作中了解幼儿。老师需要有一双明亮的眼睛和接纳的心态来看待每一个孩子的探索,倾听他们的发现,从中发现亮点。一个点头和微笑都可能是幼儿继续探索发现的助推力。对于孩子的想法和发现,可以进行巩固和提升,在幼儿原有的基础上扩大经验。同时要有具体的反馈,让孩子知道老师是了解自己的、认同自己的,激发孩子的探究欲望,为孩子营造一种积极的氛围和环境。

第三节　项目构建的"百草园"

立体化科学启蒙教育是多角度和多元的,我们需要选择和创设相应的资源和环境,构建科学启蒙教育项目,激发兴趣,启发思考,发展科学思维。为保障立体化科学启蒙教育的有效开展,我们在不断思考和尝试中,开发全方位的科学教育资源,诱发孩子们探索的兴趣和欲望,生成科学延伸活动,让幼儿在科学活动中,感受有趣的科学现象,了解丰富的科学知识。

一、丰盈现实的探索

项目构建是指立体化科学启蒙教育的内容,是在一个总体设计或初步设计的范围内,由一个或几个科学活动所组成,其目的是多角度、多途径地,结合幼儿身心发展的特点,让幼儿感受有趣的科学世界。

每一个孩子都具有与生俱来的勇气和探索精神,对世界有无比的好奇心和友善的态度。而周围各种教学资源、可利用的社会资源等无处不在,这样一个庞大的资源体系,只要我们不断地开发、组织和优化,那么就能保证幼儿科学启蒙教育活动的顺利开展。因此,我们需要进行项目建构,让这些资源合理运用到幼儿的立体化科学启蒙教育中去。教师不仅要和孩子一起尝试构建,更需要家长和社会资源的共同协助,要动员和组织家长参与到科学教育活动中,为活动项目提供可利用的资源、技术与智力支持,保证项目的顺利进行,提高幼儿在项目中的参与度和解决问题、观察思考的能力。项目构建对于立体化科学启蒙教育有着重要的意义。

(一) 亲历,更有参与感的体验

立体化科学启蒙教育的项目构建,强调的是幼儿的实践和探索,强调以"多方位"形式呈现,即幼儿园、家庭、社会多渠道资源的结合,让每一个幼儿都能加入到探索和研究中,充分参与体验。活动项目中幼儿是探索者和实验者,他们发挥自己的想象,可以是大胆猜测,也可以是反复试验。每一次都是孩子们自己的探索,让他们尽可能在实践中通过不断思考、交流,丰富和完善自己的想法,让科学项目活动有更高的实践和探究价值。孩子们在项目活动中所获得的是亲身经历后的实战经验,从关注开始,在项目中进行了猜想或是假设、观察或是试验。一系列的探究发现的过程,能让幼儿在原有水平上得到更好的发展。

皮亚杰曾说,你教给儿童的越多,他自己发现的机会就越少。在项目构建的过程中,要注重发挥幼儿主体性原则,激发他们内在的学习动机和构建过程。科学项目能引起幼儿的认知冲突,比如静电现象等,使幼儿不断感受到生活中有趣的现象,引起他们探索的欲望和挑战的信念。项目构建的过程也是不断满足幼儿的不同需要,根据他们的不同情况给予多项选择的过程。孩子们在项目活动中根据自己的需要,选择自己有兴趣的内容,并进一步深入探索和实验。

(二) 合作,更有价值感的经历

项目构建是一个开放、动态的过程。每一个项目都经过老师与设计者的精细思考,虽然在过程中不能把所有的问题都包含其中,只能是尽可能地周密地设计,有些问题会在过程中出现,那么老师和幼儿之间的合作就是必不可少的。孩子们的学习是与老师或是科学项目组织者的互动,不仅仅是完成指定的项目,更是要尊重幼儿,相信理解他们,指导帮助他们,让孩子们的学习过程更加有效。项目以创设真实的情境入手,激发幼儿参与的热情,提高解决问题的能力和同伴之间合作的能力。幼儿和同伴一起对项目中的问题开展讨论,共同探索解决问题的方案,协调商量,合作完成任务。孩子们之间的合作协商能力、共同解决问题的能力都能得到提高。

同伴之间的合作,经常有任务的分工,每个孩子都会协同同伴一起完成任务。当出现问题时,孩子们就会相互倾听、交流、讨论,这本身就是一种学习。这样的学习是在建立"联系"的基础上,每个孩子把自己的想法表达出来,倾听同伴并回应,激发孩子们的思考或是尝试。对未知事物的好奇心,让孩子们相互倾听讨论,也让他们感受到自己与众不同的价值。从他们自身好奇的问题出发,唤起自己与同伴的经验与知识,基于这样的体验,每个孩子在原本经验的基础上提升,更加趋于完善,孩子们对于自己的价值感、认同感也会更加深入。

(三) 共享,更有多元化的收获

项目构建让幼儿接触到更多的资源和信息。除了幼儿园教室内及科学活动室内的资源外,还包括家庭中的各种资源分享,社会中一系列可以被利用于科学启蒙教育活动的场所及资源,这些都能让幼儿的科学活动更加有趣,更生活化、科技化。这些资源的共享,能让幼儿在课堂内外都能感受科学的奥妙与神奇。比如有些孩子的家长是工程师或化学、物理老师等,可以充分利用这样的资源,让这些家长发挥自己的擅长之处,通过家长们分享知识经验,充实孩子们在科学教育活动中某些问题的探究内容。或是在某些项目中提供专业的场所,比如图书馆、邮局、超市等等,让幼儿充分感知丰富资源中蕴涵的科学知识。

资源共享不仅能提供更多的操作机会,让幼儿理解科学知识,满足幼儿的好奇心、发现的热情,更能在实地加深理解,让幼儿有更多探索和自我表达的机会,有助于幼儿建立自信心,陶冶学习品质。对幼儿来说这样的科学项目是非常有意义的,他们在过程中不仅有探究和合作,更有一种仪式感,能帮助幼儿关注生活的奇妙,感受发现的喜悦,激发共同参与社会生活的热情。丰富的活动、积极地学习以及在活动中的情感沟通,遇到问题一起参与解决,能让幼儿更有自信。

二、点燃创造的生命

《幼儿园教育指导纲要(试行)》指出:"幼儿园应与家庭、社区密切合作,与小学相互衔接,综合利用各种教育资源,共同为幼儿的发展创造良好的条件。"立体化科学启蒙教育就是要在多方合作下,建构最适合孩子的科学项目,让科学项目成为一个有机的整体,利用有力的教育场所和教育内容,发挥科学项目的独特作用,培养幼儿与人、自然、社会的和谐关系。

(一) 幼儿＋教师

幼儿每天都有各种奇思妙想,或是围绕某个感兴趣的"问题"讨论,或是突然发现了某个有意思的事件,如静电现象等等。基于这样的兴趣以及知识经验等,在老师的帮助支持下,形成科学项目。这样来自于孩子的科学项目,不仅是由孩子们自己生成的,更是需要孩子们的合作构建。在这个过程中,幼儿有自主选择权,去尝试、去体验、去探究。

来自于幼儿奇思妙想的科学项目,可以在教室里进行,也可以在科学活动室里进行。老师可以在教室中让幼儿选择一个合适的空间开展自己喜爱的科学项目,围绕项目,让孩子们进行持续、深入的探究活动。老师们提供幼儿所需要的支持和帮助,除了前期的预设草案,在过程中也需要不断地调整,调整既是孩子们自己的发展以及对于项目中事物现象的认识,也可以是在合作探究中发现的新知识、得到的新方法。比如探索物体的"沉与浮"、磁力现象等等,这样的项目让立体化科学启蒙教育更生活化,在项目的实施过程中,幼儿能学会使用比较观察的方法,由于项目本身来源于孩子也更加吸引他们,活动的指向非常清晰,幼儿虽然个体差异大,但是能用各种方式进行发现、交流沟通,对每一个孩子都是有帮助的。当然老师在其中也要不断地引导幼儿去发现,引导幼儿进行资料的收集、活动的记录、结果的呈现,让幼儿感受到发现的快乐。在以孩子为主老师为辅的科学项目中,幼儿获益颇多。

(二) 幼儿＋家长

父母是幼儿的第一任老师,充分利用家长资源是非常有效的科学教育途径之一。比如当孩子们对某件事情非常有兴趣时,可以邀请家长和孩子一起回家试试,不仅让幼儿有机会把自己的想法和家人分享,更是增加了亲子时光。做实验发现现象,再邀请孩子们把自己在家的尝试表达出来或是展现出来,提高了孩子大胆清晰表达自己想法的能力。之后请有这方面特长的家长来园开展"家长进课堂——科学小实验"活动,或是组织"家长帮帮团",一起收集材料,开展有趣的科学故事、科学节目等等,让幼儿的科学学习更加立体化和多样化。

家长们的大显身手不局限于在幼儿园,更能走出幼儿园,利用家长本身有利的资源,组织全班或是部分孩子家长一起走进奶牛场、邮局等特定的场所,实地了解这丰富多彩的世界中,各种事物的属性和关系等,分享周围有趣的现象,发现问题,寻找到合适的答案。在幼儿家长组合的项目中,幼儿的兴趣被激发得更强烈,这样可能会有更多相关联的后续发展,在和父母一起寻找发现中,孩子们个性化的发展更加丰满。

(三) 幼儿＋专业人员

社会资源是非常丰富的,如何利用这些资源让孩子感受科学的神奇与美好呢?我们幼儿园有 16 个项目拓展基地,每一次都会有专业的人员为我们讲解各种知识,尝试各种神奇的活动。比如去消防队,请消防员为我们现场表演灭火等本领,了解他们常用的一些工具,如红外线感应器等;供电局的叔叔们让孩子们登上最新的绝缘斗臂车,感受升入高空后的壮观。各路专业人员带领着孩子们进行着科学的奇幻之旅,激发了幼儿对科学的热爱之情。

在幼儿与专业人员们的互动过程中,孩子们了解了各种社会成员,和不同的人交流,让他们快乐地融入社会生活,以及激发对社会、对科学的美好情感。

(四) 主题项目

主题项目是指围绕一个主题组织开展一系列的科学活动。主题项目一般由几个小主题组成,让幼儿自主选择喜欢的项目进行观察试验,发现问题解决问题。小主题是由不同的人来承担,包括教师、家长和专业的人员。组织的形式多样化,有小实验、小故事、互动游戏等等。活动的地点多样化,可以是幼儿园,也可以是其他合适的地点。比如我园开展的以"小问号玩科学"为主题的科学节活动。活动由四个小主题组成,分别是:玩转小实验,亲子共成长;家庭挑战赛,动手又动脑;环保科幻画,描绘 e 世界;科学小天地,孩子大乐园。活动让幼儿在幼儿园内场和外场自由挑选喜欢的科学项目。

主题项目活动一般比较大型,经过精心设计,活动内容多样化,形式各异,精彩纷呈。在主题项目中会有多感官的刺激,幼儿的视觉、触觉、味觉等都充分联系利用起来,在自由欢快的科学活动中体验科学带来的挑战和乐趣,让幼儿在与同伴、教师、专业人员的互动过程中感受科学世界的广阔与丰富。

三、迈开实践的步伐

项目构建是各种资源的充分利用,对于幼儿来说能接触到这个大千世界的科学现象,了解各种科学知识,能和同伴、老师、家长、专业人员一起互动、实践,并得到一定的指导,学着和不同的人沟通交流,获取科学信息,更是全面发展的体现。

这里有一个案例,建构主题项目——小问号玩科学,这个主题项目的活动在幼儿园、家长、社会的共同支持下进行,形式多样,内容丰富,充分尊重和保护了孩子的好奇心和学习兴趣,在动手动脑中让孩子玩出科学、玩出智慧。

小问号玩科学(中大班)

"小问号玩科学"主题项目是由幼儿园、家庭、社会共同携手成功完成的一次活动，由四个小主题组成，分别是：玩转小实验，亲子共成长；家庭挑战赛，动手又动脑；环保科幻画，描绘 e 世界；科学小天地，孩子大乐园。活动在我们幼儿园举行，分内场和外场。

内场活动有用电安全微讲座、"危险的小洞"童话剧、"YES OR NO"互动小游戏、奇幻动感的泡泡秀，活动精彩纷呈，高潮迭起，孩子们体验到了科学与生活的密切关系。

外场活动中，孩子们在"火山喷发"、"被吹起来的小气球"、"电磁铁等小实验"中，感受到了科学并不遥远，它就在我们身边。亲子挑战纸绳拖重、纸陀螺、纸飞机去旅行等，大家用智慧和巧手把生活中的科学现象渗透在竞赛游戏中，玩得不亦乐乎。一张张童真稚趣的环保科幻画，体现了小画家们丰富的想象力，孩子们纷纷为心目中的最佳科幻画投上庄严一票。最受孩子欢迎的要数国家电网上海嘉定供电公司提供的绝缘斗臂车了，孩子们戴上安全帽，坐上斗臂车，真实体验了"带电作业"的场景。

此次项目活动得到了社会的大力支持，让孩子们在神秘的科学世界中遨游，激发孩子们对科学的热情和探究欲望，满足他们的好奇心，体验发现的乐趣。

（案例提供者：陈蓉）

四、沉浸奇妙的未来

项目构建对于立体化科学启蒙教育有着非常重要的作用，不仅是社会资源的充分合理利用，更是孩子们学会从生活中学习、了解处处有学习的好课堂，还能激发幼儿对于周围人、事物的热爱之情，初步形成爱学校、爱家人、爱社会的美好情感。

(一)因为适合,所以更美好

在项目内容的选择上,老师有着一双隐形的手推动着项目的形成。一般来说项目的内容来源于孩子,但是初步方案的成型还是需要老师在其中进行归纳梳理,帮助幼儿了解到底要探索些什么、想知道什么,引导幼儿发现自己心中最想要的是什么。因此走进孩子、了解孩子的想法是项目内容选择的重要条件。同时幼儿生成的项目,在实施过程中存在无关因素干扰,需要不断地调整,直至形成最适合的那个项目。

项目构建的内容、形式等要充分考虑到孩子的年龄特点等因素。有些小实验类的活动一般适合中大班的孩子,小年龄的孩子一般只适合于一些简单的观察比较。比如想要了解动物可以去动物园,小年龄的孩子看真实的动物更有兴趣,对于年龄稍大的孩子,动物的标本也能引起他们的兴趣,甚至更有利于观察比较、记录等等。因此,在项目构建中,我们一定要考虑到是否适合孩子,只有适合的才是最好的。

(二)因为安全,所以更精彩

除了项目内容的适切性,安全性也非常重要。比如在选择场所时,要考虑到周围的安全隐患是否存在,提前实地观察,一旦发现立刻解决隐患问题。如要去其他场所,天气情况等因素也要考虑到,因为孩子们在路途中可能会有危险情况的发生。对于年龄小的孩子尽量要选择地点近、活动相对集中的场所,利于老师的观察和照顾,比较安全。

具体、细致的项目方案能让活动更加有序精彩。比如在活动之前联系好相关的单位或是场所,确定时间、幼儿人数,以及需要相关人员做哪些工作等等,最好能事先实地观察,一方面是排除安全隐患,另一方面也能找到最合适的活动路线。步行前往目的地的话,哪条路最合适、最安全;进入活动场所之后先做什么,再做什么等细节方面,也事先做好计划。这样在项目的进行过程中,会变得比较有序,幼儿能充分利用这些社会生活中的有效资源,积极参与到科学发现探索中。

第四节　开启幼儿智慧之门

材料是促进幼儿发展的载体,是开展区域活动的重要保证。《3—6岁儿童学习与发展指南》指出："给幼儿提供丰富的材料和适宜的工具,支持幼儿在游戏过程中探索并感知常见物质、材料的特性和物体的结构特点。"①可见,在科学区域活动中,材料的投放与幼儿的兴趣有着密切联系,材料投放得好、投放得巧能激发幼儿的兴趣和探索欲望,能满足幼儿兴趣的材料还能促进幼儿的思考。因此,教师应帮助幼儿置身于能产生探索行为的环境中,及时提供丰富的、操作性强的、符合幼儿探索需要的材料,支持和引发幼儿积极主动地与材料相互作用。

一、巧用,思维千变万化

材料引起探究,材料引起学习,材料引起活动。在科学教育活动中,材料是幼儿不可或缺的探究工具。那么,如何巧用这些材料,发挥其在幼儿主动探究活动中的桥梁作用呢?

(一) 揭秘科学

使用材料的过程同时又是逐渐揭示科学概念与规律的过程,幼儿与材料互动的探究活动就是经验向知识转化的意义建构过程。

【实录一】

活动开始,呈现"神秘箱",教师请幼儿进行摸箱。

师:你摸到什么啦?

幼1:好像是海绵。

师:海绵摸上去有什么感觉呢?你觉得它是软的还是硬的?

幼1:有点软。

再请一名幼儿尝试摸箱。

师:你摸到什么啦,摸上去有什么感觉?

幼2:我摸到了积木。积木硬硬的。

【分析】

这一环节,教师准备了幼儿在生活中常见的、熟悉的、丰富的物质材料,如:海绵、

---

① 李季湄,冯晓霞.《3—6岁儿童学习与发展指南》解读[M].北京:人民教育出版社,2013.

积木、橡皮泥、棒棒糖、毛绒玩具。在视觉被隔离的情况下,幼儿通过摸箱的形式,用触觉来感知物体的软硬。活动中不难看出,大多数幼儿已能够使用"软硬"一词,初步建构了"软硬"的概念。

(二) 体验乐趣

科学教育重在让幼儿通过操作,体验发现的乐趣,激发探究的欲望与兴趣。不同年龄的幼儿由于其学习特点及生活经验积累的不同,材料的选择和投放也应根据教育对象的不同,特别是材料的数量、摆放的位置等都应有所区别与侧重。材料的数量直接影响幼儿的探索过程,过多的材料使幼儿眼花缭乱,无所适从;过少的材料会直接减弱幼儿的探索兴趣。材料摆放位置的恰当与否,也会直接影响集体活动的秩序。

【实录二】

活动开始时,幼儿分成两组(每组有一个神秘箱),教师呈现"神秘箱",幼儿一看到箱子,就按捺不住要冲过去。

【分析】

小班幼儿注意力特别容易转移和分散,活动中情绪波动大。这一环节,幼儿分成两组,每组有一个"神秘箱"。这样,不仅使每个幼儿都能参与操作,也避免太多的材料使其眼花缭乱、无所适从。在材料的投放方面,教师不是把材料直接摆放在桌子上,而是采用摸箱的形式,给幼儿设置了一个悬念:"箱子里到底有什么呢?"他们的兴趣一下子就被提高了,进而引发了其主动探索的欲望。

(三) 启迪思维

有效探究强调"动手之前先动脑",要做到这一点,除了教师的引导外,呈现的材料也可以自然而然地引发幼儿对材料的思考。这就要求在材料的选择过程中把握以下几点:

(1) 能使幼儿在讨论中提出不同的发现;

(2) 能引起联想、引发思考。

【实录三】

教师呈现海绵,还没等发问,孩子们就开始大声说道,"海绵是软的。"

"不对,海绵是硬的! 我妈妈洗脸用的就是硬的。"

......

【分析】

提到海绵,都会想到它是软软的,但是在这场讨论中,有一名幼儿对"海绵是软的"这一结论提出了质疑。他提出,有一种洗脸用的海绵在晾干后确实是硬硬的,沾上水之后就会变软。可见,海绵这一材料的提供引发了幼儿对其软硬性质多角度的思考,而这种对材料的思考正是促进幼儿积极主动参与探究活动的必要条件。

【实录四】

教师出示毛绒玩具。

师:毛绒玩具是软的还是硬的?

幼1:软的。

师:你是怎么发现的?

幼1:摸上去有点软。

幼2:因为里面有棉花。

师:那棉花是软的还是硬的?

幼2:棉花是软的,我摸过。

教师出示棉花,引导幼儿用捏一捏、压一压的方式发现棉花是软的。

幼3:老师,我的衣服也是软的。

幼4:我的被子也是软的。

……

【分析】

毛绒玩具的出示,引发幼儿一连串的思考,进而联想到棉花也是软的。教师随机生成了新的教学内容,提供了棉花,引导幼儿探索,满足其好奇心。在总结到棉花也是软的物品后,有的幼儿马上又联想到自己身上穿的棉衣、盖的棉被同样是软的。

从毛绒玩具—棉花—棉衣、棉被,幼儿经历了联想—验证—得出结论—经验拓展的认知过程。在科学探究活动中,真正做到了"动手之前先动脑"。

(四) 快乐操作

幼儿的思维离不开动作。我们为幼儿提供的操作材料是便于幼儿操作的,而不是一个摆设品。只有为幼儿提供了便于他们操作的材料,才能使他们能愉快地参与到活动中来,同时也能使幼儿通过操作明显地看到事物之间的关系,有利于幼儿从中获得新经验。

【实录五】

教师出示橡皮泥。

师：橡皮泥是软的还是硬的？

幼1：软的。

师：你用什么方法知道它是软的？

幼1：捏一捏。

师：发现什么了？能捏得动吗？

幼1：能，我捏了一只小鸭子。

幼2：老师，你看我把橡皮泥变成了一张大饼！

师：你用什么方法把它变成大饼的？

幼2：压一压。

【分析】

在这一过程中，幼儿再次与材料互动，在教师的引导下，幼儿通过捏、压的方式感知物体的软硬。海绵、橡皮泥、棉绒玩具：捏一捏，能捏得动；压一压，发生了形变。积木、棒棒糖：捏一捏，捏不动；压一压，不变形。这些材料对比明显，使幼儿在与材料有效的互动中，获得了新的学习经验。

【实录六】

在"有趣的镜子"活动中，教师为幼儿提供了许多大小适合他们摆弄的可直立的小镜子。幼儿利用镜子或两两相对，或组成三角形、长方形，或让镜子成锐角、钝角，或分开，在三三两两的相互摆弄中，幼儿纷纷发现了秘密：

幼1：两个镜子对着放，里面有无数个小玩偶。

幼2：我发现两面镜子夹角越小，镜子里照出小玩偶越多。

幼3：我发现三面镜子放在一起，可以做万花筒。

……

【分析】

在这样的活动中，孩子通过不断地摆弄镜子，不仅兴趣高，而且在玩中发现了镜子重复反射的原理。可见，提供便于幼儿操作摆弄的材料不仅能激发兴趣，更能让幼儿从中去探索和发现。

（案例提供者：宋艳）

二、探寻，材料无处不在

材料是幼儿进行科学活动必不可少的物质保证，它必须保证幼儿在活动中的操作需要，并且保证目标的达成。材料不仅是引发孩子们探究的刺激物，还是孩子们实现主动建构对周围事物认识的中介和桥梁。那么如何让材料引发幼儿的探究，让材料发挥其最大的用处呢？

（一）"我"就在你身边

对幼儿来说，科学不是一个抽象的概念，而是具体到自身及自己身边的每一样事物。他们对于世界的探索也是从身边感兴趣的事物开始的，因此，我们充分挖掘生活中可用的资源来引发幼儿的探索。比如，科学活动"弹弹弹"中教师准备了皮筋、海绵、弹簧、弹力球、拉力器、棉花、皮球、气球等，这些材料都是幼儿在生活中常见的、非常熟悉的东西，幼儿对这些材料感兴趣，操作起来也得心应手。他们一会儿玩玩这个，一会儿拉拉那个，在反复的摆弄和操作中发现了这些东西哪些有弹性、哪些没有弹性。因此，教师应该善于发现生活中的材料，收集生活中的材料，在活动中多为幼儿提供一些生活中的常见物品，使幼儿每天都有机会探索新的秘密、发现新的现象，不断提高幼儿的探究兴趣和能力。生活即教育，科学区的材料要打破局限，发掘一切可利用的资源，真正做到生活化。

（二）变"玩具"为"学具"

家里有各种各样的玩具，其实玩具中有各种物理原理，比如常见的放大镜、磁铁以及两端能够旋转和伸缩的潜望镜、电动小汽车等。因此，这些玩具本身就是一件精美的科学材料。比如：陀螺是我国民间的一种传统玩具，它具有娱乐和健身的功能。但陀螺本身又蕴涵着丰富的教育资源。孩子们在玩的过程中，一开始发现陀螺在不同面积大小的地方转动时的时间与速度是不同的；使用不同力度时，陀螺旋转的时间和转动起来表面的色彩也会发生变化。之后他们又发现陀螺转动速度的快慢、时间的长短与在不同材质的面上转动有一定的关系等等。诸如此类的发现可以激发孩子们探究的兴趣，进而积极寻找探究其中的奥妙和规律。

三、触摸,智慧在指尖跳跃

　　幼儿的智慧跳跃在他的手指尖上,幼儿在动手的过程中主动探索新鲜的事物。动手操作正是指幼儿为了研究某一问题而开展的自主的、有意义的动手动脑的探究过程。勤于动手对于幼儿能力的培养是十分重要的,因此,让幼儿亲自动手操作非常重要。教师要结合幼儿的年龄特征,精心设计有价值的问题,把握好操作的最佳时机,让幼儿的操作变得更有意义、更有价值。

 **案例 1 - 4**

从一个气球开始(小班)

　　秋天到了,天气开始干燥起来,每天午睡后我给女孩子梳头,孩子们发现头发被梳子吸了起来,十分好奇。于是,我设计了"魔法气球"这节课,让孩子们好好来探索一下静电的秘密,也能找到解决静电的一些小办法。

　　对于我们班级的幼儿来说,其实,摩擦起电这个现象一直伴随着孩子。开学的时候,孩子们玩滑滑梯时会来和我说:"老师,老师,某某的头发竖起来了!""我的手刚才疼了一下!"确实,平日里孩子们就已经发现了静电现象。随着天气越来越干燥,孩子们会发现更多更明显的静电现象:睡觉脱毛衣会被电得刺痛、晚上脱衣服能看到亮光,这些都是静电所带来的有趣现象。

　　活动开始了,今天我穿着一身魔法师的衣服,扮演的是一位拥有超级魔力的魔术师,我拿出一个气球,向孩子们介绍自己:"我是一个有神奇本领的魔术师,今天要给大家变一个魔术,你们可要看仔细哦! 这是一个普通的气球,只要我给它一些魔力,纸盘里的纸片娃娃就会跳起来,你们相信吗?"孩子们将信将疑,有的说相信,有的并不相信。我走过每一个孩子的身边,用气球在他们身上、头发上用力擦了擦。"孩子们,神奇的时刻即将到来哦! 请你们睁大眼睛看仔细咯!"我将气球慢慢靠近盘子里的纸片小人,突然纸片小人一个个跳到了气球上! 孩子们"哇——"地一声喊了出来。

此时，我借势得意地说："魔术成功啦！谢谢你们的帮忙，刚才多亏了你们的帮助，气球才能有那么大的魔力。现在，你们想不想用这个神奇的气球来变魔术？你们像我一样来试一试，使用一些小魔法，看看气球能不能把小人吸起来呢？"孩子们期待地等着我把气球和小人分发给他们，一个个跃跃欲试，摩拳擦掌。"别急，别急，孩子们，你们先得想想怎样才能让这个普通的气球拥有魔力呢？"等孩子们真的拿到了气球，他们又迫不及待地去吸小人，孩子们发现小人一动不动，有点失望，多试几次还是不行，这下，孩子们好像一下子想不出办法，提不起劲来。

　　"魔术师的本领可不是一日练成的哦，多试几次，不能放弃哦！你们可以回忆一下，刚才魔术师在变魔术之前做了什么重要的事情？"我提醒道。这时候，张宇辰突然一拍脑袋，他把气球在头上用力擦了几下，又擦了擦衣服，然后去吸小人，他发现有一个小人轻轻地跳了起来，又掉落下来。"哇，小人跳起来啦！"张宇辰叫了起来，我走过去看了看说："哎呀，气球的魔力太小了，小人跳起来又掉了下来，有什么好办法吗？"张宇辰看了看我，不说话，拿起气球又很用力地擦了几次，这一次的时间比上一次长，再去吸小人时，许许多多地小人都跳上了他的气球。孩子们又一次忍不住喊了出来："哇，小人跳起来啦！"张宇辰更是高兴极了，孩子们都学着他的样子做了起来，"我的小人跳起来了！""沈老师，沈老师，你看我的也跳起来了。"孩子们七嘴八舌，充满了成功的喜悦。

　　大部分的孩子都成功了，我问孩子们："你们的小人都被吸起来了吗，你们是怎么做到的？"曹恺遥说："我是把气球在头发上擦了擦，小人就跳上来了。"张宇辰说："我也是把气球在毛衣上擦了擦，小人也能跳上来。"看到孩子们都成功了，我也很高兴，赶紧把秘密告诉他们："原来并不需要什么神奇的魔法，只要把气球和头发或者其他物体擦一擦，就能把小人吸起来。这种神秘的力量能把气球和小人吸引到一起，这个力量有个好听的名字叫静电，气球和头发摩擦就会产生静电，带着静电的气球就能吸起小纸人了。"

　　"静电"这个术语对孩子们来说可能是第一次接触，有一些陌生，也许还不能马上记住，但是通过这个小游戏看到的科学现象一定能让孩子们印象深刻。为了让孩子们加深印象，我又让孩子们观看了一个小视频，了解一下我们身边的静电，"孩子们，这个视频告诉我们，其实静电就在我们身边，你们的玩具箱里还有许多东西和气球宝宝一样，只要通过摩擦就能有魔力的物品，请你们到玩具中找一找，看看谁也有这样的魔力吧!"

通过这个学习活动的延伸,我意图让孩子们将学习活动中学到的本领再回归到他们自己的生活中去,让他们不仅学科学,还要用科学,要善于发现、运用身边的科学,让孩子们去感受摩擦起电的现象,去感受静电的无处不在。

《3—6岁儿童学习与发展指南》(科学领域)中指出"4—5岁幼儿常常动手动脑探索物体和材料,并乐在其中"。幼儿的思维特点是具体形象思维为主,在这个活动中以生活中的物品为载体,引导孩子们更直接地感知静电,亲自动手去体验摩擦起电的过程,通过实际操作去了解静电的简单特点,我想这个活动于我于孩子都是有收获的。在那一周里,孩子们一到自由活动和午休就在寻找静电,他们用气球、各种玩具去和各种物体摩擦,有时候成功有时候失败。孩子们的发现比较零散,那些他们发现的秘密最终成了他们的生活经验,在这个过程中,孩子们真正地在玩中探索,在玩中自主地学科学。

(案例提供者:沈金洁)

四、体验,科学之花璀璨绽放

材料是幼儿玩转科学的基础,我们要根据幼儿的身心发展特点选择材料,根据幼儿的发展需求更新材料,在使用过程中让幼儿共享材料。在不断研究的基础上提升,让幼儿在轻松、快乐的环境中探索,充分体验成长的快乐和自豪,为幼儿建立多元的、多层次的服务体系,让科学之花璀璨绽放。

(一) 选择要适龄

幼儿身心发展水平、知识经验不同,各年龄班幼儿表现出来的科学水平也不同。因此,教师在材料的考虑上也要呈现出明显的年龄特点。

(二) 更新要及时

《幼儿园教育指导纲要(试行)》提出:"幼儿园的空间、设施、活动材料和常规要求等应有利于引发、支持幼儿的游戏和各种探索活动。"教师要帮助幼儿置身于能产生探索行为的环境中,及时提供丰富的、操作性强的、符合幼儿探索需要的材料,支持和引发幼儿积极主动地与材料产生相互作用。

(三)材料要适宜

在材料的选择与提供上,要符合幼儿科学教育特点及目标,能够有效地促进幼儿的主动学习和发展。

(四)研究要提升

科学区的材料不但要适应幼儿的年龄特点和兴趣,配合同期教学目标,还要注重系统性、文化性,提升材料的教育价值。教师只有深入研究材料,才能根据幼儿的不同水平进行有效指导,避免操作难度与幼儿年龄特点不匹配的现象产生。

"我来发现,我来探索",这是儿童的天性,它表达了幼儿渴望学习、渴望发展的心声,因为他们有太多的疑惑、太多的惊讶、太多的奇思妙想……儿童是闲不住的,他们想要看、想要听、想要触摸、想要动手操作,以便弄清这个世界所有的奥妙。因此,面对如此兴致勃勃的探索者,老师在材料的选择上一定要根据主题实施的需要,根据幼儿的需要,提供丰富可变的、贴近幼儿生活的操作材料,多途径地引发幼儿投入到活动中与材料积极互动,让幼儿在爱科学、学科学的活动中,体验发现的乐趣,满足科学探索的欲望,玩转科学,发展自己的能力。

总之,材料的投放是一门艺术,是引发幼儿开展科学探索活动的重要因素,如果能巧妙地投放使用能激发幼儿探索的材料,那么科学活动一定会让幼儿感到精彩。

第二章

启动探索科学奥秘的旅程

激发幼儿科学探索的兴趣是幼儿科学教育目标中的重要一点。有了明确的目标，在实践中我们应该如何来实现这个目标呢？目前幼儿园科学教育的方法主要有观察、实验、种植与饲养、分类、测量、信息交流、科学游戏、早期科学阅读等。然而幼儿的学习特点不同于成人，单一的学习方式往往不能引发幼儿对科学的兴趣，因此，要通过多种方式让幼儿接触科学，满足幼儿的好奇心，激发幼儿对科学的兴趣。

由于对周围发生的一切都充满着好奇心，幼儿总会提出许多问题，如："为什么树叶会落下来？""地球是球体，人为什么不滚下来？""轮船在水上为什么不会沉下去？"等等。越是好奇，问题就越多，这说明了他们正在注意某些现象，并能把一些现象与另一些现象联系起来，这正是幼儿获得知识的起点，是打开智慧大门的钥匙。对于幼儿的提问，教师应加以鼓励，不能一笑置之，更不能嘲笑他们的提问。要耐心倾听幼儿的提问，有些问题难以回答，可以和幼儿一起想方设法寻找答案；能回答的问题，也不要急于说出答案，可利用这些疑问，引导幼儿学习自然科学知识，把好奇心转化为求知的动力。而对于一些较简单的、幼儿通过自己努力可以得出答案的问题，教师可以适当反问，启发他们进一步探索学习，鼓励幼儿用自己已有的知识经验，通过观察和探索思考找出答案。

第一节　开启人与自然对话的方式

《幼儿园教育指导纲要（试行）》中指出："幼儿园教育应尊重幼儿的人格和权利，尊重幼儿身心发展的规律和学习特点，……关注个别差异，促进每个幼儿富有个性的发展。"这一要求反映在课程目标上就是要将幼儿发展为"完整的人"。从本质上讲，人是一个智力与人格和谐发展的有机整体，人的完整性源于生活的完整性。

儿童的生活世界是一个整体，儿童认识世界的方式也是整体性的。幼儿的学习是一种整合性的学习,而不是学科性的学习。因此,通过整合的方式构建的学习是符合孩子学习特点的。整合教育的理念体现了一种完整意义上的科学观,科学不仅是一种逻辑的理性,科学更应是一种人与自然对话的方式。

一、赋予幼儿丰富的眼光

跨界整合有两层内涵,一种是形式上的整合:科学教育活动与其他学科领域活动之间的交叉、联系和联合。另一种是理念层面的整合:以一种整合的眼光看待和组织科学活动,使科学教育活动超越学科本身的视野,而赋予幼儿更为丰富的眼光,使其不仅能从科学的还能从艺术的和人文的眼光来看待周围世界。

在教育实践中,整合的观念具体体现在目标的整合、内容的整合以及方法手段的整合,但是从根本上来看,乃是思维方式的整合。因此我们提倡的跨界整合,不仅是一种活动形式,更应是一种教育理念。

(一)让科学更全面

在科学教育活动中体现整合教育的理念,就是指在坚持科学教育学科目标的前提下,同时关注到其他学科的目标;或在坚持以科学探究为主的同时,充分利用其他学科的教育方法和手段,以达到活动整合的目的。有以下几种较为常见的类型:

1. 科学教育活动中与美术、音乐、舞蹈等艺术形式的整合。在幼儿科学教育活动中最为普遍的跨界整合,就是将科学活动与美术、音乐、舞蹈等艺术形式结合起来,或者说是将科学内容渗透在艺术形式中。这种艺术形式既可以作为科学活动中对科学知识的认识手段,也可以通过这些形式来完成情感目标,推进情感体验。例如:小班艺术活动"变色鸟",通过绘本引出故事中的主人公———一只神奇的小鸟,在吃了各种颜色的果子后,身体颜色产生了神奇的变化,把感知三原色混合所产生的色彩变化和色彩涂鸦结合起来,不仅满足小班幼儿动手操作涂鸦的愿望,也在涂涂画画的玩色活动中,感知三原色混合后的变化。

2. 在科学教育活动中整合幼儿的语言发展。这是又一种普遍的形式。任何一个科学活动都离不开语言,任何一个活动都有发展幼儿语言的机会。我们的整合是借助语言来帮助幼儿更清晰更完整地表述自己在科学活动中的发现,但决不是在科学活动中教孩子学说话。教师在科学活动中需要关注的是，如何让幼儿将自己的想法和做法、发现和疑惑、问题和回答用自己的语言表达出来，而不是用限定的词句来束缚孩子丰富的思想。

例如在科学活动"落下来"教学过程中，孩子们发现不同的物体掉下来的速度不一样，掉下来的状态也不一样：有的是飘，有的是垂直迅速落地，有的在落下的过程中形态会发生变化……这时我们不是要让孩子用准确的字眼来修饰物体落下来的样子，而是鼓励孩子能把自己观察到的积极表达出来，而这种对现象细致的观察、对过程清晰的描述，则是我们科学领域的目标。

3. 在科学教育活动中整合数学知识和技能。《3—6岁儿童学习与发展指南》将数学认知和科学探究同列为一个教育领域。事实上，科学和数学研究方法不同，数学侧重于逻辑推理，科学则侧重于实证。数学具有抽象性，科学则是研究具体现象的。虽然数学和科学的研究方法不同、学科特点不同，但是科学和数学这两个学科又是密切联系的。数学是科学的后盾，数学推理为科学暂时没有认识到的内容——科学猜想，提供了研究可能。在科学活动中，我们也可以充分利用数学这个工具，让幼儿在获得精确的科学经验的同时，数学知识和技能也得到相应的发展。

例如，大班科学活动"兔妹快跑"中，兔妹妹被巫婆关进了高高的塔楼，只有一把剪刀和一块地毯，怎样逃脱？借助于数学中形的变化，孩子们在一次次的尝试中，探索出按照"回"字形的剪法，把长方形的地毯剪成一根不会断的长长的布条，顺着高楼的窗口放到地面，兔妹妹终于逃脱啦！

4. 在科学教育活动中渗透价值观的教育。幼儿学习的科学内容都蕴藏着价值观教育的要求。例如，对现代科技产品的认识，就可以渗透"科学技术造福人类"的思想，而很多认识环境的内容，更可以渗透"人与自然和谐相处"及"可持续发展"的价值观念。当然，价值观教育在幼儿的科学活动中只能以隐性的方式加以渗透，而决不可演变成一种道德的说教。

(二) 让科学无处不在

在上述活动中，科学都是以显性的方式呈现。而在其他学科领域的教育活动中，科学则是以一种隐性的方式出现。我们说"科学无处不在"，不仅说科学的问题和科学探索的过程无所不在，同时也是说科学认识的对象——自然界的事物和现象无所不在。在科学活动中，我们可以通过显性的、直接的方式认识科学、理解科学；而在语言、文学、艺术等其他学科领域的活动中，我们则是通过一种隐含的方式来感受科学、表现科学。

例如，美国女作家夏洛特·左罗托夫为孩子们写过一篇如诗歌般的文章《风到哪里去了》。通过一个小男孩问"风停了以后，它到哪里去了呢"，他妈妈向他解释风没有停，只是吹到别的地方去了，让那里的树跳舞。然后，她循序渐进地告诉了孩子世上物质不灭的道理，只是在另一个地方，或者以另一种形式开始：雨回到了云里，生成新的雨；波浪退回到大海里，成为新的波浪；白天与黑夜循环往复，晚上给小男孩带来了黑暗、星星，让他入梦。这些感受通过艺术的语言表达，就不同于来自科学观察的认识，它被赋予了更多的感情色彩。

在上述案例中，科学以故事的形态向孩子展现了充满想象的丰富画面，科学与故事的融合，让孩子在倾听中畅想，萌发了对科学现象的探索兴趣。所以对待孩子们喋喋不休的"幼稚"问题，幼儿教育可以有不同的思路：一种思路，是让孩子们去背前人的结论，让他们不必再追问，等他们长大了，谁知道前人的结论越多，谁就会越"聪明"。另一种思路，则是用孩子们最喜欢的方式，极尽艺术魅力的诗情画境，诱发孩子们去追问更多的问题，等他们长大了，谁能探问更多前人未发现的新问题，谁就会越智慧。

如果我们真的能够做到用一种渗透的观点来理解幼儿科学教育，我们就会发现，科学其实拥有着丰富的含义，而且科学无处不在！无论我们从事着什么学科的教学，我们都会和科学不期而遇："原来你也在这里！"

二、激发幼儿主动地探索

懵懂、未知是学前儿童的特点，他们对学科知识完全不明白，更不懂得什么叫学习，更多的是对世界的好奇。玩是这一年龄阶段孩子的主要探究方式，如果把学习和玩分开，他们就会对学习失去兴趣，因此，我们要让孩子愉快地走进科学的宫殿。

（一）生活中的科学活动更真实

幼儿的每一个活动都是从生活中来的，科学活动更离不开生活。离开孩子生活的科学是枯燥和难以理解的，贴近幼儿生活的科学活动才能培养幼儿真正内在的探究动机,才会被幼儿接受和喜欢,使幼儿保持永久强烈的好奇心和探究欲望。

1. 发现生活中的科学契机。多姿多彩的幼儿一日生活中,科学现象随处可见。《幼儿园科学活动》一书中指出幼儿园的科学活动内容具体包含以下五个方面的内容:人体与健康、动植物、生态环境、自然科学现象、科学技术。可见,生活中存在教育契机,只要我们及时发现、善于捕捉,科学活动的点子就会油然而生。

孩子们都喜欢搭积木,为什么有的能把积木搭得很高、很稳固。在结构游戏的过程中,孩子们常常会为谁搭得又高又稳开展比赛。那么在这个时候,我们就可以引导孩子通过动手操作、探索,体验其中的奥秘;通过提出设想、大胆尝试、观察比较、讨论交流、操作记录,生动地感受着生活中无处不在的科学现象,感受科学活动的快乐和趣味。

2. 挖掘生活中的教育价值。自然角是幼儿园开展科学活动的有效场所,为什么大家一起种下去的种子,有的能发芽,有的什么也没有,有的能顺利长大,有的却枯萎。通过比一比、试一试等途径,孩子们真切体会到阳光、空气和水对种子成长的重要意义,也进一步发现,遵循科学规律才能收获的道理。

科学活动要转变以传授知识为主的教学模式,还原科学活动生动活泼、富有生活气息的原貌,应通过有效的教学活动培养幼儿对科学的浓厚兴趣,形成“科学源于生活,生活离不开科学”的观点,以生活世界作为科学活动的根基和深厚的土壤,让科学活动回归生活世界。从知识中得到体悟,从改进教学模式、强化幼儿的体验环节、培养幼儿的创新精神入手,使幼儿在生活中感悟,更懂得用所悟去指导生活,去塑造和提升理想人格,把生活与科学活动有机结合,从而有效提高科学活动的实效性。

(二)游戏化的科学活动更有趣

游戏作为幼儿园的基本活动,同样能在科学原理和幼儿需要之间构建起一座桥梁,让孩子感受到科学就在他们身边并充满趣味。因此,游戏既是科学活动的内容,又是科学活动的实施途径。鼓励孩子通过自己的游戏和实践获得多方面的经验。在这样的学习过程中,孩子们也许从头至尾都是在“玩”,但也正是在“玩”的同时引发、支持并促进了他们的科学学习活动。

1. 情景贯穿。所谓“情景”即通过声像、模拟表演、再现生活等方式营造一种氛围。“情景贯穿”就是将所营造的这种氛围融汇于整个教学活动中,让幼儿如临其境,从而在此情此景之中进行一种情景交融的教学活动。在中班科学活动"跳舞的小人"中,老师通过扮演魔法师,让孩子感知静电能吸附轻薄的物体这一现象,然后引导幼儿都来做一回魔法师,探索摩擦起电的科学现象,最后发现静电的秘密。整个活动给孩子提供了充足的操作时间和思考空间,幼儿在动动、看看、想想、试试的过程中不断丰富、拓展相关的知识经验。又如在大班科学活动"兔妹快跑"中,我们以《长发姑娘》故事背景为蓝本,创设了巫婆困住兔妹妹的情境,引导幼儿用剪刀和白纸一次次尝试让兔妹妹逃脱高楼的方法,孩子在多次操作中感知了"图形守恒"……这种情景与科学融合的活动方式,使幼儿科学活动更加活泼灵动,充分激发了幼儿的探究热情,能提高科学活动的有效性。

2. 游戏探索。孩子的科学是独特的科学,是以动作逻辑为基础的科学。他们的科学常常带着主观的色彩,并被赋予了浓厚的诗意和想象的性质。因此,在幼儿园的科学活动中,我们除了保证幼儿有充足的操作时间和空间,还应设计各种游戏化的探究过程,确保幼儿对科学探究活动具有持久的兴趣。由于幼儿年龄特点的不同及教学内容的不同,我们在设计活动时需要运用不同的教学策略。

小班科学活动"有趣的泡泡"中,通过玩吹泡泡游戏,孩子发现无论吹管的形状如何发生变化,吹出来的泡泡都是圆圆的有趣现象。

中班科学活动"蛋妹妹历险记"中,每一个鸡蛋上都画上了蛋妹妹的形象,在蛋妹妹要过小河的情境中,孩子尝试用各种调料和水结合后,发现蛋在水中沉浮的不同情况。

(三) 合作中的科学活动更多元

科学教育活动中充满着游戏和学习的机会,教师应想办法为幼儿创造、提供与同伴合作学习和游戏的机会,因为当今社会已越来越向着社会化、多元化的方向发展,我们在努力使科学活动生活化、游戏化的同时,鼓励孩子大胆合作,在交往、互动中得到全方位、多元化、动态的发展。

1. 在交往互动中学会讨论。在活动前,教师可引导幼儿协商合作主题,讨论需要的材料以及场地的布置,并根据幼儿各自的能力进行合理的分工。如"让蛋宝宝站起来"活动中,幼儿情绪高涨,各自寻找伙伴开始操作,有的幼儿扶着鸡蛋,有的幼儿就利用教师提供的材料塞到蛋宝宝的旁边,孩子们愉快地与同伴合作,将许多材料强加于

"蛋宝宝"身上,结果不仅没有使"蛋宝宝"站起来,反而压碎了"蛋宝宝"。幼儿疑惑:我们在合作,为何没有成功? 究其原因: 第一,幼儿一味地认为教师提供的材料都是能让"蛋宝宝"站起来的,活动中没有与同伴进行认真的讨论、协商;第二,幼儿不会运用合理的合作方法,而盲目地与同伴合作探索。通过这个活动,孩子们知道了在活动中要掌握一定的合作技巧,而不能进行盲目的探讨。

2. 在合作中解决科学活动难题。在科学活动中,幼儿光有合作意识、愿与同伴合作,是远远不够的。他们在合作时往往还会出现不知道怎样合作,或不善于合作的现象。因此在教学活动中,教师应有意识地培养幼儿掌握一定的合作技巧,在合作中解决科学活动难题。过去,幼儿碰到一些较难理解的科学活动就采取躲避的方法,教师就将所有知识细细"嚼碎"后再"喂"给他们。实践证明,在科学教育活动中,教师人为地设立困难,有意让幼儿尝试,并寻找多种解决问题的方法,可以帮助他们找到合作的方法,并从中体验合作的愉快情绪。

科学探索区"好玩的多米诺骨牌"中,孩子已经不满足于推倒一个小小的形状,他们开始挑战更加复杂和庞大的造型,但搭建往往会耗费很多时间,于是他们产生了合作构建,几个人分别负责搭建一部分骨牌,然后把它们连接在一起组成一个大大的场景。从哪里开始推倒、怎样连接才能全部推倒,这些探索活动让孩子们体会到合作的重要性。

因此,在科学活动中,教师要尽量放手让幼儿自己面对和解决问题,不干涉但给予必要的帮助,以增加幼儿之间相互交流与协作的机会,从而更好地促进幼儿合作能力的发展。

总之,在生活化、游戏化、社会化的科学活动中,每一个孩子都愉快地走进了科学的宫殿,幼儿科学活动的探索与创造正在萌芽。

三、收获真正意义上的科学启蒙

幼儿科学教育的跨界整合,使得科学教育活动不再仅仅是一种学科性的活动,而是一种综合性的活动,具有更为丰富的内涵。这里我们提供一个小班集体科学活动和艺术领域中的美术活动相整合的课例,来帮助大家了解科学教育与美术整合起来的一些做法。

小班幼儿的年龄特点和特殊的学习方式,决定着他们的科学活动应采用游戏化的教学方法。本次活动,借用变色鸟吃各种颜色果子的故事情节,把玩色游戏和科学活动自然结合起来,幼儿被游戏的情境所吸引,主动地参与活动。玩色过程能引发他们的所思所想,发挥幼儿的想象力和创造力。

　　玩色活动是一种手、眼、脑并用的实际操作活动,借用《变色鸟》这个故事背景,不是让孩子了解什么颜色和什么颜色混合在一起会变出什么颜色,而是通过孩子自己的操作、观察,最后发现颜色变化的有趣现象。因此这个玩色活动的目标定位应放在重视孩子的情感教育和激发兴趣上,只要孩子能愉快地参与活动,能在活动的过程中体验到自由创造的快乐,激发对玩色活动的兴趣便可。

 案例 2-1

变色鸟(小班)

一、活动目标

1. 结合绘本《变色鸟》的故事情节,感知三原色混合所产生的色彩变化。

2. 体验色彩涂鸦的乐趣。

二、活动准备

幼儿操作用的红、黄、蓝颜料;吸管若干;纸制的小白鸟人手一只;背景板一块。

三、活动过程

(一)谈话活动

1. 出示 PPT,引出神奇的小鸟。

提问:这是一只怎样的小鸟呢?

小结:这是一只神奇的小鸟,让我们看看它到底有多神奇。

2. 听故事

　　天空上有白云,大地上有树林,一只小白鸟飞呀飞,飞到了红果子树上,它"咕噜嘟"吃了一颗红红的果子,好香好甜呀。吃完红果子它又要飞了,飞到了黄果子树上,它"咕噜嘟"又吃了几颗黄黄的果子。吃完黄果子后小鸟又飞到了蓝果子树上。

　　关键提问:吃了红果子,它会变得怎样呢? 吃了黄果子,小鸟哪里又变了? 提问:

小鸟又吃了许多蓝色的果子,这次哪里又要变了?

小结:这只小鸟吃了红彤彤、黄灿灿、蓝莹莹这三种颜色的果子,身体也变得五颜六色了。

(二)教师示范

1. 出示操作材料:白色小鸟

提问:现在这只小鸟是什么颜色的?(白色)

2. 教师根据幼儿要求一一用滴管喂小鸟红、黄、蓝三种颜色的"果子"。

关键提问:小鸟吃了蓝色的果子哪里变了?小鸟吃了红色的果子哪里变了?小鸟吃了黄色的果子哪里变了?

小结:小鸟吃了三种颜色的果子,变成五颜六色了。

(三)幼儿创作

1. 要求:请每一个小朋友选一只小鸟,去喂一喂这只小鸟,每种颜色的果子都要喂一喂。

2. 指导:你给小鸟吃了什么颜色的果子?每一种颜色的果子都要喂,你的小鸟变成什么颜色了?

3. 盖毯子:这里有一张神奇的透明的魔术毯,我要给休息的小鸟盖一层小毯子,看看小鸟又变出了什么颜色呀。

(四)交流讲评

关键提问:白颜色的小鸟变成什么了?你们看到了哪些颜色?变出什么新颜色了吗?你们给它吃过绿色的果子吗?那怎么么会有绿色呢?

小结:小鸟变成五颜六色了。(黄色和蓝色加在一起会变成绿色)(红色和黄色加在一起会变成橘色)原来这三种颜色在一起会变成其他不同的颜色,真神奇,我们下次再去试试看,还会变出什么颜色。

(案例提供者:赵佳)

总之,在幼儿学习科学的过程中,教师要善于发现幼儿的兴趣,尊重幼儿的兴趣,及时将幼儿感兴趣的事物和想要探究的问题纳入生成活动内容。运用科学的方法引导、支持、鼓励幼儿大胆提出问题、解决问题,从而培养幼儿主动探索的精神,去学习了解和掌握更多的科学知识,达到幼儿科学教育的目的和要求。因此,科学教育的过程必须成为幼儿的探究过程,成为幼儿猜想尝试和发现的过程,使幼儿不仅获得内化的知识经验,而且体验和获得真正意义上的科学精神和科学方法。

在对幼儿开展科学启蒙时,我们要有这样的意识:要让幼儿能有一个整体的发展,那么我们的科学活动就不能仅仅局限在一个集体活动或者个别化区域中,而应该放眼于孩子的一日生活,体现"生活即教育"的整合思想。另外整合需要把握契机。幼儿的一日生活中蕴涵着许多教育契机,瞬间而过,作为教师应因地制宜、合理利用这些教育资源开展各种活动。

第二节　手指尖上的智慧

苏霍姆林斯基说过,幼儿的智慧在他的手指尖上。在幼儿动手的过程中,他们会在对某一问题或现象的研究与剖析的基础之上,带着他们主观探究愿望和感情色彩,并积极地开展思维活动。而动手操作,正是指幼儿为了研究某一问题而开展的自主的、有意义的动手动脑的探究过程。勤于动手对于幼儿能力的培养是十分重要的,因此,让幼儿亲自动手操作非常重要。动手操作可以帮助幼儿深入探索、体验、认识新事物和现象。教师要结合教学需要,精心设计有价值的问题,把握好操作的最佳时机,让幼儿的操作变得更有意义、更有价值。

一、知识来源于动作

皮亚杰曾说:"知识来源于动作,而非来源于物体。"一切知识的获得都是通过动手操作来实现。皮亚杰还指出:"儿童只有自发地、具体地参与各种实际活动,大胆形成自己的假设,并努力去证实才能获得真实的知识,才能发展思维。"只有让幼儿积极地投入实践,才能将知识转化为能力,才能更好地培养幼儿的创新意识。教师应该想方设法激起幼儿科学探究的兴趣,帮助他们跨出参与探究活动的第一步;在操作实践过程中,教给幼儿适当的探究方法,提高幼儿动手探究的能力;创造轻松、自主的探究环境,帮助幼儿消除"教师权威"的心理障碍,真正将探索、活动的权利还给幼儿,让幼儿成为探究活动的主人。

（一）动手操作是手眼协调的基石

眼睛是心灵的窗户，正是通过眼睛，我们才能真实地了解周围的事物。手是认识事物的重要器官，手的活动可以促进大脑的发育；手是智慧的源泉，多看、多动手，我们的大脑才能更聪明。通过手和眼的共同作用，我们可以发现手中物品更多的特性，比如，眼睛可以看到物品的色彩、形状、大小等等，而手则可以触摸物品，感受它的软硬、粗糙度、冷热等特性，也使我们可以更快更全面地了解周围环境。手眼协调的活动能真正有效地推进孩子各项能力的全面发展，而手眼协调的能力必须通过动手操作才能够达成。

（二）动手操作是想象创造的源泉

想象是我们的大脑对已存储的表象进行加工改造形成新形象的心理过程。亚里士多德指出："想象力是发现发明等一切创造性活动的源泉。"要创新就必须会想象，因此，在实践操作过程中充分利用幼儿已有生活经验和对动手操作过程的兴趣，来调动幼儿思考问题的积极性，拓宽幼儿的思路。如在玩镜子的过程中，幼儿在知道镜子里能照出东西的基础上开始想象创造各种镜子的摆放方法，以使镜子的成像更多。

（三）动手操作能满足心灵的需求

苏霍姆林斯基说过："在人的心灵深处，都有一种根深蒂固的需要，这就是希望自己是一个发现者、研究者、探索者。在儿童的精神世界里这种需要特别强烈。"每个幼儿总是希望自己成功，因此，让幼儿在实践操作中体验成功的快乐是非常重要的。教师应尽力满足幼儿的成就需要，帮助幼儿树立自信心，依靠自身的努力达到成功或从获取知识的过程中得到满足，让他们体验成功的快乐，并在教学过程中保持浓厚的学习兴趣，促使每一个幼儿学会学习，达到愿学、乐学、会学、善学。

二、成长来源于兴趣

动手操作能让幼儿从形象思维向抽象逻辑思维过渡。作为教师，我们在教学过程中要结合教学内容,积极地创设条件,有意识地引导孩子动手操作,使孩子的手脑得到更好的发展。

(一)甜蜜地基初始化

儿童具有主动性,他的活动受到兴趣和需要的支配,一切有效的活动必须以某种兴趣作为先决条件。科学探索活动中,教师首先要引发幼儿探索动机。幼儿探索的兴趣和积极性是接下来的探究活动的前提。因此,在科学活动中,我们重在引发幼儿对活动内容或相关现象变化的兴趣及探究欲望。如小班科学活动"糖不见了"中,一开始便设疑,让孩子带着"糖去哪里"的疑问展开探索。又如科学活动"生蛋和熟蛋"中,老师抛出问题"怎样才能分辨熟鸡蛋还是生鸡蛋"后,孩子们积极探索,不只是想到将鸡蛋敲碎,而是用自己的方式"鉴别"鸡蛋,这也更好地反映了《纲要》中提出的科学教育的目标:"能运用各种感官,动手动脑,探究问题。"

(二)添砖加瓦乐其中

《幼儿园教育指导纲要(试行)》指出:"提供丰富的可操作的材料,为每个幼儿都能运用多种感官、多种方式进行探索提供活动的条件。"在丰富的科学活动中幼儿可以运用多种感官感知事物,不断地动手操作,动脑思考,获得丰富的科学知识和经验,发展幼儿观察、记忆和创造等能力。而"手"是科学探究活动的"首席执行官"。在眼睛、耳朵、鼻子等看、听、闻的基础上,"手"帮助幼儿摸一摸、拿一拿、捏一捏、折一折、拧一拧、拍一拍、抓一抓等来执行"程序"。它辅助幼儿进行一系列其他感官无法完成的动作,将其他感官第一次接收到的信息用动作的触觉进行加工、处理、小结,然后再一次反映给大脑,大脑中枢最后进行"审判裁定"。此时,幼儿对新事物的认识和体验就上升了一个层次,对新事物的理解就更加深入一步了。如此周而复始,幼儿在主动动手探索的过程中认识新事物、习得新知识、获得新感受。因此,我们要根据活动内容,提供适宜的、多种多样的、可供幼儿进行实验、操作的材料或工具,尽量创造条件让幼儿实际参加探究活动。

(三)验收评估花自赏

教师在科学活动中要重视幼儿的表达与交流,鼓励幼儿能将自己的发现讲述给同伴听。幼儿语言表达能力的高低，一定程度上反映了他们思维发展水平的高低。尤其在幼儿园科学教育活动中，教师不仅要引导幼儿通过实践操作感知科学的乐趣，还要引导幼儿把科学实践过程和获取的结果用语言表达出来，使幼儿的思维由具体形象思维向抽象逻辑思维发展，把实践的经验化为语言存在于意识之中，促进幼儿智力的提升。当幼儿对一个问题作了深入探究、思考、尝试，有了深入了解和深刻体验以后，都会产生一种表达和交流的欲望，幼儿把探究过程和发现经过思维的梳理和适当的语言表达出来，既增加了对事物的认识，又体验了成功的喜悦。由于幼儿有了与同伴的语言交流，就会有分享、有启发，在别人的肯定、质疑、讨论、争议中，幼儿的思维不断梳理、明析，逐步向正确的认知靠近。因此，教师在实施科学教育中要为幼儿提供自由、宽松的语言环境，促动幼儿表达与交流，这是科学教育的重要一环。

三、科学体验无处不在

怎样培养和提高幼儿的动手能力呢？作为教师我们需要在各个活动中渗透动手能力的培养。如为他们创设充满科学气息的环境，提供充足的时间及符合目标的操作材料，让孩子与环境充分发挥交互作用；又如努力激励孩子去感知周围环境，动手操作材料，描述探索过程和现象，并引导孩子对感性经验进行整理、概括，逐步建构最初级的概念，从而真正做到不断增强孩子主动探索的参与意识、操作意识、交往意识，给孩子留下期待继续探索的愿望。我们需要冲破家长的束缚，解放幼儿的双手，给孩子更广阔的活动空间和更丰富的活动内容，多层次、全方位地培养幼儿的动手能力，让我们的孩子在活动中变得更活泼、更聪明。

（一）打开自然界的窗口

自然角是幼儿园孩子认识自然界的窗口，它给孩子们提供了一个可以天天观察、天天管理、动手记录、进行比较的场所。在自然角，孩子们看见各种植物的生长过程。比如：土豆冒出了小芽，长出了叶子，结出了"小土豆"。萝卜的根须在水里长得像老爷爷的胡子一样长，而水上面的叶子也一天比一天长得茂盛。孩子们还可以亲自动手捕蝴蝶、捉蚂蚁、采集树叶，并将这些小巧的动植物制成标本。他们会因为标本盒里多了一只昆虫而欢呼雀跃，因为洋葱又长出一片叶子而兴奋不已，也常常为鱼缸里死了一条鱼而伤心掉泪。

 **案例 2-2**

暖暖小屋（大班）

　　随着季节的转换,温度慢慢地降低了,很多植物宝宝也都慢慢地枯萎了。孩子们在伤心之余想让家长再换一盆带来。看着大家的兴致还是那么高涨,我们想着能不能有更适合大班孩子年龄特点的种植方式,于是我们预设了竞争和测量在其中,将孩子分成了五组,每组七人,各组认领同一种植物进行种植,比比谁的植物长得快、长得高。大班孩子的竞争意识已然形成,孩子们比前一次更加投入了。为了不让自己的植物宝宝再受冻,他们发现了老师放在外面的简易"暖暖小屋"。于是,大部分孩子看到天冷就把植物搬了进去,有太阳的时候再搬出来。也有的孩子在老师的提示下尝试自己制作独一无二的"暖暖小屋",如涵涵找来一张透明的泡沫纸,用扭扭棒把它裹了起来,值得一提的是,他还不忘让植物宝宝透气,在泡沫纸上又戳了几个洞;瑶瑶则从自己的抽屉里找来了一个保鲜袋,将植物宝宝放在了保鲜袋里,并问我借了一根橡皮筋绑了起来;佳怡找来一个透明的塑料盒,把她的大蒜朋友放在里面并盖上了,我问她:"那它怎么长高呢?"她说:"盒子上有洞洞的,会钻出来的。"(后续发生的事便是大蒜长高了却不是从洞洞里钻出来,而是不能向上长只能弯了腰,佳怡发现自己的做法是不可行的,便打开了盖子。)轩轩总是和别人不一样,他找了个有一面是透明的塑料长盒子,将其竖起来后将底部剪掉,套在了自己的植物盆上,他说这样雨天也不怕了,有太阳时也能晒得到,然后他在两边粘了两个小瓶子,说:"雨水会直接落在里面,可以用接到的雨水来浇小植物。"我问:"你确定不怕下雨了吗?"他好像明白我的意思,又去找来透明胶带,绑在盒子上。(轩轩自己的暖屋还是不错的,不过在经历了几次下雨后,纸盒子终究还是湿得了,轩轩说上次没有贴好,有的地方没贴到胶带,现在只能让它干了再贴,我微笑,允许他继续去尝试。)

　　暖暖小屋的制作持续了一周时间,这一周里,大部分幼儿都放弃了自己的自由活动,都在选择材料改造打扮自己的暖暖小屋,而班里的百宝箱货源充足,也为孩子们提供了帮助。我庆幸自己一直源源不断地收集各种材料,俗话说,巧妇难为无米之炊,对于孩子们来说同样适用,丰富的材料能更好地帮助孩子发挥创造力。在用各种材料尝试做暖屋的过程中,孩子们了解了各种材料的性质,并在不断改造中找寻了适合的材料和合适的方式,或许这就是我们所要的孩子的自主探索吧。

(案例提供者:沈懿)

(二) 小实验　大体验

　　科学活动中如何才能激发幼儿对操作活动的兴趣呢? 在实践中我们发现,区域活动中幼儿学习的积极性、主动性、创造性表现得特别充分,每个幼儿都会情不自禁地投入,连能力差的幼儿也不甘成为旁观者。我们可以在个别化的探索区域投放一些专供幼儿做小实验的材料和工具,如:磁铁、电池、纸、水、放大镜、海绵、小木块、凹凸镜等。在活动中,让幼儿用自己的小手做各种有趣而简单的实验,如:"摩擦生电"、"光的折射、反射"、"沉与浮"等。在这里,他们可以尽情地玩水、玩磁铁、玩颜料、玩蔬菜水果等,在玩中他们发现水会流动、颜色会变、磁铁能吸住铁做的东西等。另外,我们还为幼儿提供一些半成品材料,让他们自己动手制作,因为成品不能激发幼儿的创新灵感,甚至限制幼儿的想象力和创新思维的发挥。比如在大班科学活动"纸桌"中,我们在探索区中为幼儿提供一些卡纸,让他们动手动脑,制作出形态各异的纸桌。有的幼儿将纸折成"波浪"型;有的幼儿将纸卷成圆柱形;有的幼儿将纸折成"门"……孩子们在操作中想出了各种方法来制造桌腿,并进一步实验,发现圆柱体的桌腿最牢固。又如"什么东西不见了",我们为幼儿提供纸杯、盐、糖、筷子、热水等不同材料,让幼儿分别将各种材料放入杯中试试,比比哪种物品更易被水溶解,哪些物品不溶于水,使幼儿在一次次的尝试中经历发现、变化的过程。在这样的活动中,孩子尽可能地通过操作获得经验。这些经验对幼儿科学概念的形成和智力的开发起到了积极作用。

(三) 来自学习室的精彩

　　这里的"学习室"指的就是开展集体活动的场所,因此,学习室共研指的是通过集体教学活动来开展科学的探索。集体教学活动是教师有目的、有计划地组织班级所有幼儿都参加的教育活动,它高效、经济、公平,对幼儿学习和发展的引领性强,能形成学习共同体,培养集体感。集体活动是孩子在幼儿园一日学习生活中的重要环节,它是一种明确简捷、系统有序、经济有效地作用于孩子的教学方式,能让更多的孩子在短时间内获得有效的发展。而幼儿园集体科学活动是培养幼儿科学意识和科学精神的重要手段之一。在这样开展集体教学的学习室中,幼儿是科学探索活动的主体,而教师是幼儿学科学的引路人,教师巧妙设计,有效组织教育活动,能激发幼儿的探索兴趣和主动性。

如科学集体活动"落下来"中,在尝试不同物体落下来的速度时,每个孩子获得的经验都是零散的、片面的,而通过集体活动的交流与分享,能够将个体经验与集体经验进行迁移和共享,从而使孩子们构建起属于自己的比较系统完整的知识体系。

 案例 2-3

落下来(大班)

一、活动目标

1. 通过观察、比较,感知不同物体落下来的速度不同,并能用语言大胆地表达。

2. 发现改变物体形状后落下来的速度不同,体验探究和发现的乐趣。

二、活动重点

感知物体落下的不同现象,大胆表述自己的发现。

三、活动难点

发现影响同种物体下落速度的因素。

四、活动准备

1. 纸杯、纸张、丝巾、气球(各三份)。

2. 前期经验:前期在区角里玩过这些材料。

五、活动过程

1. 分享经验(通过观察记录纸上区角活动时记录的物体落下来现象进行经验分享。)

提问:你玩过了什么?发现它落下来是什么样的?

小结:大家观察得很仔细,有的观察到了物体落下来是飘下来的,有的是直直落下的,有的落下来会有声音。

2. 比较同种物体下落的不同速度（观察发现影响物体下落速度的因素。）

操作要求：每人选一样材料，找到和你选相同材料的朋友比一比，一起来看看速度有什么不一样。

关键提问：哪个小组先来说说你们是怎么比的？为什么会有这样不同的现象？

放的方向：手在握纸时的姿势。纸杯：杯子的开口方向。用力不一样。高度不一样。放的先后不一样。

小结：同样的东西放的方向、用的力气、放的先后、高度都能使它下落的速度不一样。

关键提问：如果公平地比较下落速度的话，要怎么比？

小结：要公平的话就要放在同一高度同时放下才能比。（老师可以使用同一种物体用两只手同一高度同时放下，让幼儿观察下落速度是一样的。）

（如有幼儿已经想到改变材料的形态这一方法时，可以让她介绍，引导下一次的操作。）

3. 进一步小组操作，改变物体形态，观察速度的不同（通过改变物体形态，发现下落的速度不一样。）

要求：再次找到和你一样材料的朋友，看看在同一高度同时放下怎么做可以改变下落的速度。

关键提问：你用了什么方法改变了物体下落的速度？（先可以说纸张的改变，最后介绍气球的改变引到延伸环节。）

小结：有的是吹气让气球下落慢了，有的把纸团了一下，原来改变物体的形状和大小也能让下落的速度不一样。

4. 延伸活动

出示降落伞视频引发幼儿进一步探索物体下落的兴趣。

（案例提供者：赵雪羽）

在孩子眼中，大千世界无不充满着神奇的乐趣，如何为孩子提供多元化发展的空间，激发孩子学科学的兴趣和探索精神，从小播下爱科学的种子，是我们每位幼教工作者的神圣责任。幼儿园科学启蒙教育是当前幼儿教育必不可缺的课题，然而，我们的研究仅仅是开始，还需对幼儿科学启蒙教育活动的特性作进一步深层的理解，在教育内容的选择、教育过程的引导及教育活动的创设上作不懈的努力,不断实践,勇于探索,使幼儿科学启蒙教育跃向一个崭新的高度。

值得注意的是,教师操作前要充分准备,要提出明确的操作要求,使幼儿的动作思维具有明确的指向性,让他们知道"做什么"和"怎样做"。操作中要加强指导,及时发现问题,并加以指导解决。操作后要重视分享,逐步构建知识,发现规律,形成新的思维与认识。

第三节　任务驱动的学习

幼儿与生俱来对世界就有独特的感受和观察的角度。他们活泼好动、他们对周围的事物充满好奇、他们对一切充满幻想、他们富有创造力……,正确的学习方法对幼儿的学习效果起着至关重要的作用。因此,选择了正确的学习方法,幼儿就能够对学习产生浓厚的兴趣,进而实现自主学习,提高学习效率,增强学习效果。

每一个幼儿都有其独特的学习方式,其学习过程也不尽相同,当我们给予一定的任务要求但提供自由构建的学习过程,那么他就能在这过程中尝试主动建构探究、实践、思考、运用有效方法解决相关问题的学习体系,获得适切的发展。任务驱动教学法为孩子提供了这样的发展可能。

一、孩子,天生的研究者

任务驱动指在学习的过程中,幼儿在教师的帮助下,紧紧围绕一个共同的任务活动中心,在强烈的问题动机的驱动下,通过对学习资源的积极主动应用,进行自主探索和互动协作的学习,并在完成既定任务的同时,引导幼儿产生一种学习实践活动。

以"任务驱动"为科学探究的切入点,可以使幼儿处于积极的思维与学习状态,有效培养幼儿学习科学的志趣和实事求是的科学态度,培养并提高幼儿的观察和实验能力、科学思维能力、分析问题和解决问题的能力、创新意识和能力,达到培养科学素养的课程目标。

从幼儿的角度说,任务驱动是一种有效的学习方法。它从浅显的问题情境入手,让幼儿在一定的任务目标驱动下,进行多种尝试,大大提高了学习的效率和兴趣,培养他们独立探索、勇于开拓进取的自学能力。一个"探索任务"完成了,幼儿就会获得满足感、成就感,从而激发他们的求知欲望,逐步形成一个感知心智活动的良性循环。伴随着一个跟着一个的成就感,幼儿不仅对科学探索的兴趣会越来越浓厚,他们分析问题、解决问题的能力,自主学习及与他人协作的能力也越来越强。

二、智慧,浮动于儿童指尖

苏霍姆林斯基说:"儿童的智慧在他手指尖上。"幼儿天生好动,好奇心强,总想对感兴趣的事物摸一摸、玩一玩、做一做。科学启蒙教育活动的设计可以让幼儿在一定的情境中感受和了解科学问题,并在适当的条件下进行操作解决。在实践中操作正是让幼儿自己动手去发现问题、解决问题,充分发挥幼儿积极主动性的一种先试后讲的方法,它符合幼儿的心理特点。

(一) 学起于思、思源于疑

学起于思、思源于疑。幼儿积极思维往往是从疑问开始的,有疑问才能启发幼儿去探索,并激发寻求答案的愿望。教师在指导幼儿进行科学活动中提出有质量的问题,创设问题情境,才能有步骤地指导幼儿进行科学探索。

1. 创设趣味性的问题情境,激发儿童的求知欲望。创设与教学内容相关的情境,让教学进入情感领域,激发起幼儿学习兴趣,并凭借情境把知识的教学、能力的培养、智力的发展以及道德情操的陶冶有机结合起来,从而促进其全面发展。除了做些物质上的准备,还必须动脑筋想一想如何使孩子在充满兴趣的氛围中增长科学知识。创设有趣味性的问题情境,能够使孩子产生并保持激昂的情绪,激发他们强烈的求知欲,使他们马上能进入探究者的角色。

在小班科学探索活动"小蚂蚁过河"中,老师创设了这样的一个问题情境:"小蚂蚁要过河,可是河上没有桥,也没有小船,小蚂蚁的身边只有一片果园,小蚂蚁能用果园里的果子过河吗?"按照常理,果子都是用来吃的,怎么能利用果子过河呢? 这个有趣的问题引发了孩子想尝试将各种果子放入水中试一试的探究兴趣。

科学是一门以实验为基础的学科，在科学教学中利用实验这一有利因素，教师可以创设许多生动、有趣的问题情境。一方面从实验中可以得出概念、规律，另一方面可以吸引学生积极主动参与到有效的课堂教学中来。

2. 创设渐进性的问题情境，培养幼儿的探究能力。人类认识事物的过程是一个循序渐进的过程，一般都是由易到难、由简单到复杂。因此，在让幼儿完成任务内容时，我们所提的问题也需要根据孩子认知心理的特点，创设渐进性的问题情境，引导他们由浅入深、一步步地进入深入的思考和探究。这样既降低孩子探索的难度，又促进了他们思维的不断提升，使孩子探究和解决问题的能力得到提高。

"沉和浮"是三个年龄段都可以做的探索实验，那么同样的实验在三个年龄段中如何体现不同年龄特点，符合孩子当前的水平，并能促使孩子有继续探索的兴趣呢？渐进性的问题情境就可以体现不同的水平。例如小班，我们可以让孩子在老师准备的材料中，试试哪些是沉下去的，哪些是浮起来的，将这些材料进行分类。而在中班可以让孩子进一步探索，用不同的物体来进行试验：哪些是沉的，哪些是浮的？它们一直都是沉（或浮）的状态吗？到了大班则可以让孩子思考如何让沉下去的东西浮起来，让浮起来的东西沉下去。

由于问题常常不是孤立单一的，而是具有一定的梯度，这就需要注意问题之间的排列要有递进性，提问环环相扣，教师创设的问题，应当由易入难，逐步深入。通过这一系列层层阶梯式的提问，来提高幼儿探究能力。

3. 创设生活化的问题情境，提升儿童的科学素养。科学来源于生活，生活中处处有科学，科学就在我们身边。在科学教学中教师通过创设幼儿感兴趣的生活化的问题情境，进行设疑、引思、探究，可使幼儿对科学的亲切感油然而生。苏霍姆林斯基曾在《给教师的建议》一书中说道："在人的心灵深处，都有一种根深蒂固的需要，就是希望自己是一个发现者、研究者、探索者。在儿童的精神世界里这种需要特别强烈。"在科学中创设生活化的问题情境，不仅有利于幼儿理解科学问题，而且有利于培养幼儿关心生活、关心自然，在生活中不断发展观察能力和解决实际问题的能力，从而提升幼儿的科学素养。

自然角是每一个班级都会有的环境，以往这一区域常常会成为老师的负担，浇水、喂食等都由老师操办，孩子只负责观赏。在我们尝试将自然角归入科学探索区后，老师们交给孩子喂养金鱼的任务，小金鱼的生存就成了孩子的责任。小金鱼爱吃什么？

吃多少比较合适？池塘里的小鱼可没人喂它鱼食，它又是吃什么的呢？带着这样的问题，孩子开始了观察和记录。他们先是讨论了自己认为小鱼可能爱吃的食物，然后分头从家里带来了各种食物。活动的时候，他们把自己的食物投放到鱼缸里，并认真观察小鱼对这些食物的反应。"有的小鱼只是过来碰了一下就游走了""原来小鱼爱吃蛋黄的呀"，通过一段时间的观察和探索，最后他们发现了以前从来不知道的现象，而那些不爱吃蛋黄的孩子，在观察的过程中也被小金鱼"教育"了一番。

（二）确定问题，让孩子能探

在大多数的科学活动中，幼儿的操作活动被重视起来。孩子们在操作过程中非常投入，但是，仔细地观察后我们不难发现这样的现象：操作仅仅处于一种表面的形式，老师在孩子操作前并没有提出明确的要求或任务，因此，幼儿的操作显得没有目的，有的孩子玩着玩着就把操作当成嬉戏了。在科学活动中我们要培养孩子解决问题的能力，因此，在操作前老师必须要让孩子们带着问题去操作。

1. 知道我要做什么。明确的任务能激发孩子主动学习，按照自己的意愿，通过观察、操作等与客体直接接触，获得丰富的感性经验，并将探索发现的经验与自己已有的经验进行比较、分析、抽象、概括，实现思维的加工、形成概念进而修正补充、发展概念，获得必要的技能并促进思维发展。

孩子们特别喜欢搭建高楼，拿到有电线线路的积木后就开始垒高，全然不在意怎样搭建才能使这些电路接通。于是老师创设了"夜晚的城市"构建空间，让孩子们成为建筑师来建造城市的房子。当大家搭建好以后，老师询问："城市的夜晚是怎么样的呢？"孩子们都说："城市的夜晚有许多灯光，房子上也有灯光的。""那如何让你设计的房子也能亮起灯光，为城市带来美丽的夜景呢？"有了这样的任务，孩子们开始关注每一块积木上的线路，他们原本随意地构建开始转变为有意识地探索。当他们探索出正确的线路，接通电源后，城市高楼屋顶上的灯光亮起来了，他们兴奋地说："我成功了！"

2. 知道我可以用什么做。长期的幼儿园生活规则，往往使我们的孩子束手束脚，探索活动中只限于眼前的操作材料，而这往往会束缚孩子的探索过程。因此，老师要注意改变自己的这一习惯。我们经常跟孩子说"不可以这样、不可以那样"，现在我们应该明确告诉孩子"你可以怎样"。幼儿园老师担心的是孩子将材料弄乱，在生活中会无形制定规则,其实只要告诉孩子在活动后需要把材料整理好,那么过程中的一些"乱"也就不是大问题。

例如在探索"沉与浮"的过程中,在孩子探索完准备好的材料后,老师给予孩子的活动空间就是:可以去教室里随意挑选材料,看看它在水里的样子和你想的一样吗。这样孩子的探索空间就会扩大,兴趣也在不断增强。

3. 知道我可以怎么做。在确保孩子安全的前提下,允许孩子创新性地使用材料。也许孩子实验是失败的,但是在失败的过程中,他也在不断修正自己以往错误的认识。我们需要的是乐于尝试、敢于想象的科学探索精神品质,而不是正确答案。

(三) 自主学习,让孩子善探

根据皮亚杰的有关认知发展理论:"幼儿必须通过自身活动去发现、认识客观世界,不断构建、完善自己的认知模式。"在科学活动中要为幼儿创设尊重、支持的环境,以保证每个幼儿都有充分与材料相互作用的机会。要遵循"幼儿在前,教师在后;尝试在前,指导在后;活动在前,讨论在后;操作在前,结论在后"的原则,先让幼儿自己去探索、观察、动脑、动手,教师不急于告知方法、答案,让孩子自己探索材料、自己发现,在孩子充分活动、独立思考后,再由教师给予归纳、小结。

1. 为幼儿提供真正的探究机会。由于幼儿受年龄特点及知识经验的影响,在探索和认识事物的过程中会表现出不符合成人逻辑的想法或做法,教师不可否定孩子,更不可予以指责,应支持和鼓励幼儿大胆联想、猜测问题的答案,用自己的好奇心和探究积极性感染幼儿,支持、引导幼儿学习用适宜的方法探究和解决问题,鼓励幼儿与同伴合作探究与分享交流,引导他们在探究中思考,在交流中尝试整理、概括自己探究的结果,从而获得知识经验,体验合作探究和发现的乐趣。

例如,在学习物体的沉浮时,请幼儿猜想:哪些物体会浮在水面上?哪些物体会沉到水底?幼儿可能会猜想出不符合现实的答案,如"积木会沉到水底""泡沫板会沉到水底""铁钉会浮在水面上"等等,教师不要马上予以否定,应让幼儿通过亲手操作试验获得正确的答案,切忌一味地灌输知识。

让幼儿自己操作探索并不代表教师什么也不用管,教师应教给幼儿探究的方法,如调查、测量、实验、讨论等等,教师可引导幼儿根据探索内容的性质选择适合的探究方法。但是不管采用什么样的方法,都要体现幼儿自己的操作性,这才是幼儿园科学教育的关键。

2. 为幼儿提供充分的探究时间。在实践活动中我们经常受固有教育意识的影响和教学计划及生活常规的限制,遏制了孩子们的探究愿望,探究活动没有时间的保证,孩子们自然就失去了在实践中自我建构知识与经验的机会,更不可能培养执著的探究精神和解决问题的能力,因此,我们一定要意识到:充分的探究时间可以提高幼儿的探究能力,培养幼儿认真、细致、实事求是等科学品质。

比如,在进行"小鱼喜欢吃什么"活动的探究环节时,孩子们共同收集所需材料后进行尝试;再比如"种植发芽"的活动,孩子们选择不同的花盆进行种植和照顾,这些都需要一个长期的过程。孩子们在长时间的反复操作实践中获得了经验,这样的经验不是成人给予孩子们的,完全是孩子们自己充分探索得到的结论,孩子们是探究进程中掌握主动权的人,通过真实的实践探索,自己发现和获得了有益的经验和科学的概念。因此,在科学活动的组织过程中,教师一定要有保证探究时间的意识。

(四) 效果评价,让孩子会探

任务驱动中的效果评价,主要是帮助孩子分享交流自己的探索过程,让孩子掌握多种方法,从学习他人经验中学会探索。

对学习效果的评价主要包括两部分内容,一方面是对幼儿解决当前问题的过程和结果的评价,另一方面是对幼儿自主学习及协作学习能力的评价。

1. 对幼儿探索过程进行评价。幼儿探索过程从某种意义上讲就是幼儿思维的过程,对过程的评价就是对思维的评价。一般可通过组织幼儿交流(结合图画记录):自己是怎么做的? 为什么要这样做? 有什么发现?

2. 对非智力因素进行评价。可通过评一评谁和谁合作得最好,哪个最能克服困难,谁观察得最仔细等,培养幼儿从事科学探索的良好品质。

3. 对操作结果进行评价。在区域活动中,幼儿通过探索、操作材料而获得的知识经验是粗浅的、感性的,需要教师的归纳与评价,以帮助幼儿建构初步的知识结构。如孩子们记录了蝌蚪的生长过程后,可引导他们用语言总结出蝌蚪的生长过程。当然对孩子知识经验的归纳要以他们的操作结果为基础,因为有时知识不一定是确定无疑的。有疑问时可采用提问的方式引导幼儿进一步思考,使探索活动深入下去,对孩子共同关注的探索内容可机智地将之转化为正规的科学活动,发挥正规教学活动和区域活动互补的作用。

三、任务,科学探究的切入点

"任务驱动"可以作为科学探究的切入点,使幼儿处于积极的思维与学习状态,每一位幼儿能根据自己对当时问题、情感、任务的理解,运用已有的知识、技能和自己特有的经验提出设想与方案,从而解决问题。

玩沙活动是孩子们喜欢的游戏之一,随着经验水平的提高,孩子们在玩沙活动中掌握的方法越来越多,材料也更加丰富。那么相对于小班的无意游戏,大班孩子的玩沙活动怎样才能更有意义和活动价值呢? 我们尝试在游戏中给予一定任务,让孩子的玩更有价值。

 案例 2 - 4

我们是引水工程师(大班)

一、活动背景

玩沙活动中我们有意识地提供了一些软管、PVC管、盛器等。

二、案例实录

活动开始,老师说:"今天要给城市铺设地下水管,铺设完成后要把沙池远处的水龙头里的水引到沙池里来,让它能从管道里流出来。"接着老师又指着材料说:"这里的材料你都可以用,如果你有其他想试试的材料,也可以来跟老师说,老师会帮你去找来试试。"

小孙和凡凡一起合作,将一根 PVC 管子埋在沙子下,并在一头接了一个弯头,弯头的一个口朝上,又接了一根竖起来的 PVC 管子,然后通过一根接一根的方法,将管道延长,一直延伸到水龙头处。小孙说:"可以打开水龙头接水了。"凡凡打开水龙头,他们等了一会,发现水并不像他们想的那样顺利地从水龙头里经过 PVC 管,流到沙池里。小孙说:"怎么回事呢?"他观察了一会说:"我知道了,这些管子越来越高,水龙头这么低，水跑不上去。"凡凡说："我们用软管吧，这个管子可以放低一点，这些硬的管子没法动。"于是他们改用了软管来接水。但是一根软管太短，够不到沙池。于是他们又拿来了几根塑料管，由于口子大小是一样的，没法扣住，凡凡开始寻求别人的帮忙："快来帮帮我们，把管子接住。"

几个同伴听见了，过来帮忙，于是软管接了起来，并能接到沙池中竖着的PVC管了，但是水还是流不出来。凡凡说："你们看，这个硬的管子太高了，这些水流不上去。"小孙想了一想说："我们把这个竖起来的管子压下去一点试试。"说完，他把竖着的PVC管子和沙面进行倾斜，软管里的水位和他倾斜的角度差不多高的时候，水终于流到了地下那根PVC管，从另一个口子流到了沙池。孩子们高兴地说："水来了，水来了。"

（案例提供者：金培华）

任务驱动的任务设计以激发幼儿学习的兴趣为出发点，以满足幼儿的探究欲望为主观愿望，以完成教学任务为最终目标。这些问题都是幼儿在日常生活中会遇到而且是十分感兴趣的，因此，能激发和驱动他们主动去完成任务，培养并提高他们的观察和实验能力、科学思维能力、分析问题和解决问题的能力、创新意识和能力，达到培养科学素养的课程目标。

在任务设计过程中，值得注意的是要把总体目标的每一步细分为一个个的小目标，并且把每个小目标作为一个任务，使幼儿容易掌握，再通过这些小小的任务来实现总体目标。任务设计要关注幼儿的学习兴趣和年龄特点，任务最好有趣味或者是幼儿需要的，这样才能激发和驱动他们主动去完成。任务设计时，要充分考虑幼儿能力的差异，提出的任务要具有层次性，同时任务的解决途径也是多样的，最后的成果也是多姿多彩的，这样可以促使幼儿多角度、多方式地去思索。

第四节　科学"转"起来

儿童，特别是学龄前阶段的儿童以无限的好奇心与渴望对待身边的一切事物，科学对他们来说充满着奥秘,他们在亲身体验和探索中将科学"转"起来,在亲手操作中积累感性经验,在一个个科学故事中收获大精彩。

一、小科学,大味道

众所周知,学龄前儿童正处于身心发展的关键时期。而具有生动画面感和绚烂色彩的影视图像,不仅大大满足了他们的强烈好奇心,对其他的诸多方面,例如语言、科学、艺术以及身心健康等方面也起到了不可小觑的积极影响。

顾名思义,影视呈现是指运用一些多媒体手段(比如自己拍摄的一些小视频、网上下载的视频或由某些家长提供的小视频等等)更好地将一些抽象、晦涩难懂的教学内容科学地、有目的地呈现给儿童,使之与此产生有效互动,进而达到预期的教学目标。李槐青在文章中提出:"合理运用影视动画片中的教育价值有助于学龄前儿童的健康发展。"[1]目前,幼儿园各大领域的集体教学活动中也不乏运用一些动态的影视图像、视频动画(自己拍摄或网上下载)或 ppt 来进行导入或解释一些难以用语言描述的科学小探究。影视呈现可将教学内容形象、生动、鲜明地呈现给每一位幼儿,丰富教学的形式,并且可将声音、影像加入到教学内容中,可以把教学内容变得可见、可听,幼儿容易感知,容易领会,便于幼儿理解。[2] 因此,科学地运用影视呈现教学法对学龄前儿童来说,有着非常重要的教育价值。

首先,对幼儿来说,科学的影视图像运用,可以充分激发幼儿的好奇心与学习动机,使之更加乐于参与其中并与教师和其他幼儿进行有效互动与交流。其次,对教师来说,如何科学运用影视呈现,既是提高幼儿教师专业知识素养的一种机遇,同时又是一种挑战。通过高质量的选片使得教师们的知识结构得以拓展,科学兴趣与动手指导和剪辑能力也得以提升。最后,对家长来说,科学地掌握与运用影视呈现法对科学育儿以及家园合作也有积极的影响。

---

① 李槐青.当前幼儿园科学教育存在的问题及其解决策略[J].学前教育研究.2010-07-01.
② 李菁.浅谈利用多媒体技术提高中班幼儿对剪纸活动的兴趣[J].教育教学研究.2015-08-20.

二、小步子，大收获

唐代著名诗人杜甫有句著名诗句"随风潜入夜，润物细无声"，学龄前儿童的教育如果能合理地利用影视呈现的教育价值，就能达到此目的，继而充分发挥影视呈现教学法强大的教育功能。

(一) 创设情境，科学引趣

美国利兹大学影视研究中心曾对影视怎样影响儿童这一课题进行大量的调查研究，得出的结论是：看和不看影视的儿童在智力发展上是不同的。[①] 教师要善于创设情境使教学内容变得可见、生动并有趣。

1. 创设情境，趣味导入。教师在运用影视呈现法时应注意情境的创设，例如，一节科学课，可运用谈话导入、游戏导入或一些实验导入，这样才能更好地培养幼儿的注意力与专注力，适时地呈现出关于教学内容的小视频更容易使幼儿与课程内容之间产生积极的互动与共鸣。

2. 影视呈现要有一定的科学性与顺序性。影视呈现的选择上既要科学又要有一定的顺序性。首先，科学性方面，教师在选择影视呈现的内容要符合幼儿的年龄特征。比如，小班幼儿的影视呈现在内容与形式上要相对的直观和简单明了。中班与大班幼儿的影视呈现可以相对复杂与抽象些。其次，顺序性（序列性）方面，比如，在小班科学与语言结合活动中所呈现的漫画《雨滴在哪里》，每一幅图都代表了一些明确的时间关系，这就需要老师合理并有序地呈现给幼儿才能更好地方便幼儿感受与理解雨滴所带来的不同的天气状况。

(二) 分组合作，科学展趣

分组活动可以为每个幼儿提供科学探索的机会，帮助幼儿更好地参与到活动中来，适时合理地划分小组，让每个幼儿体验科学探索的乐趣，基于幼儿的兴趣，创设适宜的探究情境，培养幼儿的科学探究能力和科学品质。

---

① ［澳］凯瑞·沙那汉.让孩子爱上数学与科学[M].武汉：湖北科学技术出版社，2007.

1. 适时合理的小组划分。教师在组织科学集体教学活动时，可采取小组教学的方式使幼儿更好地理解与参与到活动中来。比如，在大班科学活动"认识潜水艇"中，教师可选用一小段关于潜水艇的视频播放给幼儿观看，这样比单纯地靠教师的讲述要生动和具体得多。分小组进行科学趣味小实验来进一步让幼儿感受潜水艇原理的神奇，体验其海底作业的科学原理。科学活动中的合理分组使幼儿更专注地参与活动。教师与幼儿以及幼儿同伴之间能进行更有效的互动与交流，幼儿会更深刻地理解潜水艇工作中所蕴含的科学，激发幼儿的探究愿望。因此，适时合理的分组，幼儿会更好地感知、体验科学的奥秘。

2. 创设适宜的儿童探究情境。适时的情境创设更有利于激发幼儿的探究品质。这就要求教师要适时为儿童创设一定的探究环境与情境，从幼儿自身发展的兴趣与需要出发，给予儿童自主探索的空间，关注儿童科学探索兴趣、科学探究能力及科学精神品质的培养。

(三) 幼儿为本，科学探趣

《3—6岁儿童学习与发展指南》中提出，儿童是教育教学的主体，要突出儿童的主体性作用，重视幼儿的参与。幼儿的参与度也是一个比较受关注的话题。幼儿的参与和其主体性的体现也是每个教师所应关注的重要目标之一。

1. 影视呈现要以儿童为主体。影视呈现的内容要尽量来源于幼儿生活，在探究实验过程中，要充分尊重儿童所提出的想法，适时加以引导，鼓励幼儿之间的合作与交流，促进幼儿生成性目标的达成以及持续探究的好品质。根据《3—6岁儿童学习与发展指南》精神，以培养幼儿"积极探究，善于发现，勇于表现"为目标，促使幼儿成为具有一定探究兴趣、探究能力和科学情怀，身心全面和谐、富于个性发展的科学小达人。

2. 影视呈现要有明确的目标。教学目标是每个教师在活动中要考虑完成的任务之一，同样，教师在呈现内容的选取上，要最大限度地反映教学内容，有明确的目标指向性。比如小班科学活动"蝴蝶的生长"，幼儿观察蝴蝶各个环节的蜕变过程，而对其所处的环境并不过多的关注，重点感知蝴蝶的生长变化各个环节之间的不同。教师可通过提问的方式来引导幼儿。例如：你们仔细观察一下蝴蝶是怎样完成从幼虫到成虫的蜕变的？每次变化有什么不同呢？

(四)总结评价,科学评趣

1. 幼儿、教师对影视呈现的评价。幼儿对作品或一些活动成果进行评价是教学评价的一个重要组成部分。通过幼儿自我以及同伴之间进行的相互评价,对幼儿的各方面发展起到了非常重要的作用。对于教师而言,幼儿的评价也从侧面反映了活动的有效性与可行性,教师可对活动进行一定的反思。教师的发展性评价,非智力因素的评价,对活动成果以及幼儿参与活动的过程、自身状态、合作品质的评价,对幼儿和教师在今后其他课程的开展与学习中都起到一定的借鉴作用。

2. 教师总结与提升幼儿经验。根据波斯纳公式"经验 + 总结 = 反思",总结与反思是衡量一个教师成长的标杆。善于反思并总结是教师专业性成长与发展的必经阶段。影视呈现效果如何,从另一方面来说,也是教师专业素养与专业水平的体现。一个成熟的教师会巧妙合理地运用一些呈现方法,以达到意想不到的突出效果。由此可见,作为教师,要善于总结教学经验,时刻进行反思,做到更有效的呈现,使幼儿自由发挥自己的想象力与好奇心,对问题进行大胆探究。

教师总结主要包含两个方面:一是总结一定要贴近幼儿的生活经验。教师的活动总结一定要遵循一定的逻辑性与条理性,对于影视呈现的总结,关键是要建立在幼儿的实际生活经验之上,那些高于幼儿生活经验的总结,纯粹是空中楼阁,对幼儿的发展影响不大。二是总结要带有一定的导向性。总结要带有目的性与导向性,也是下一个探究过程的开始。一个经验丰富的教师,每次的总结既是对本次活动幼儿经验的提升又是顺利开展下一活动的由头与导向,并默默引导着幼儿的兴趣与学习动机,以更好地产生一些生成性目标或课程,更好地激发幼儿探究心和对科学的兴趣。

三、小故事,大精彩

幼儿小小的科学故事中,蕴含着大精彩。幼儿的年龄特点决定了他们的行为特征,他们对万事万物充满着好奇,科学是一个未知的世界,他们热衷于每一次的探索,又在每一次的探索中收获。探索的过程激发了幼儿科学探究欲望,培养了幼儿科学探索的品质,积累了丰富的科学感性经验,幼儿在一个个小故事中,探索科学的大精彩。因此影视呈现需做到以下几点:

首先,大呈现,具科学。影视呈现要注重科学性,不能只顾画面生动、色彩声效而失去科学性。科学的影视呈现要符合幼儿年龄阶段的特点、展示的时间先后次序、声音的搭配以及教师使用与操作影视呈现的内容的科学性。不是所有的教学内容都必须用影视呈现的方法来表现,如果用真实的情景演示或激烈的讨论等方式就可以取得理想的教学效果的话,就没有必要使用影视课件。

其次,大呈现,具目的。影视呈现要具有目的性与顺序性。简单来说,影视呈现作为集体教学活动的一个突破口或演示助手,呈现的形式和内容都要具有一定的目的性和顺序性。例如:呈现时间、呈现方式(是先听后看还是先看后听还是边听边看),都要取决于幼儿自身的生活与学习经验以及教师本身所具备的观察力。

第三,大呈现,具互动。影视呈现只是教学的一个辅助工具,它既不能取代教师又不能代替科学实验。教师的主导作用,即在课堂上与幼儿之间的互动是无法取代的。科学实验能真实地再现实验过程,也是影视呈现的不足之处。

最后,大呈现,具多样。影视呈现还要具备多样性和适宜性。常用的呈现方式,有情景再现式、内容拓展式和实验演示式呈现方式。当然,还有其他的呈现方式。呈现的内容、形式都要以幼儿为中心,适应幼儿当前的发展需求以便更好地达到最近发展区。

第 三 章

不期而遇的美丽

教育是生命最美的遇见。每位孩子都是具有迷思的科学小达人,是我们最美的期许。立体化呈现使科学启蒙更赋艺术性,使科学常识有了生命的图像。

与幼儿科学启蒙教育不期而遇,正是基于《3—6 岁儿童学习与发展指南》对教育整合观念的提倡、基于幼儿科学学习的特点,尝试将多领域、多途径的方法与幼儿科学教育有机整合,从而打破传统教学时间和空间的限制,帮助幼儿从多视角、多渠道、多方面积累信息,来满足幼儿好奇探究的科学愿望,继而实现教育途径的立体化。

幼儿在游戏、剧目表演、媒体应用和实践体验中操作、感知和探究,将晦涩难懂的科学知识演绎得生动、可见。孩子们在游戏、表演体验中爱上科学,从而更加乐探、善探,巧用立体化途径玩转科学。

第一节 游戏,孩子的天性

游戏是幼儿探索世界的主要途径,《3—6 岁儿童学习与发展指南》中倡导:"要珍视游戏和生活的独特价值,最大限度地支持和满足幼儿通过直接感知、实际操作和亲身体验获取经验的需要。"可见,通过游戏的途径开展科学教育备受关注。

首先,巧用游戏让科学启蒙教育更有趣。"兴趣"是最好的老师,幼儿学习最好的途径是基于兴趣。游戏是孩子的天性,是孩子幸福的源泉。《上海市学前教育课程指南》指出:"游戏活动中对幼儿发展有重要的价值,游戏活动能发展幼儿的想象力、创造力和交往合作能力,促进幼儿情感、个性健康地发展。"尊重孩子的兴趣,通过游戏的途径开展幼儿园科学启蒙教育更容易吸引孩子的参与,避免了科学教育的枯燥,更贴近幼儿的年龄特点,更能激发幼儿的探究兴趣。

其次,巧用游戏让科学启蒙教育更轻松。通过游戏进行科学教育,体现了"玩中学"的教育理念。巧用游戏让幼儿在做做、玩玩中自然地学习科学,没有外在的目标压力,只有内在的自主学习,这让科学启蒙教育更加轻松,更符合幼儿学习的心理需求。在游戏中,教师必须了解游戏的价值,尊重幼儿游戏的权利,保证游戏的时间。通过游戏来教,使幼儿的学习更具趣味性,更能激发幼儿乐探、敢探和善探的品质,从而在不知不觉中爱上科学,使科学启蒙变得更加可见,同时,也使幼儿的学习看得见。

最后,巧用游戏让科学启蒙教育更互动。游戏是幼儿和同伴互动、和材料互动的多元过程。在这个过程中,孩子不是单一地接受科学知识,而是在和同伴的互动中提高科学品质、在和材料的互动中养成科学习惯,在多元的互动中孩子会觉得科学活动是灵动的,这符合幼儿的学习方式。教师的任务主要是通过观察游戏了解、解读幼儿,通过环境的创设和适当的介入支持幼儿的游戏。游戏可促进师幼和幼幼之间的互动。教师可采用参与幼儿的游戏,或作为旁观者,对幼儿的游戏操作进行观察与记录。教师和幼儿在游戏中互动,使科学启蒙活动更贴合幼儿的天性。

一、建构中构筑多元思维

建构游戏是儿童用各种建构材料,通过想象和造型构造物体形象的游戏。在建构游戏中,幼儿通过对材料的累砌、插拼,感受物体的形状、质地和空间,在动手操作的过程中表现对生活物品的理解,还可以一边玩一边发现问题、分析问题和解决问题,让科学活动不再枯燥而是生动有趣的,是实施科学教育的重要途径。

(一) 摆摆弄弄中累积动作思维

动作思维是指在具体操作活动中,通过主客体交互作用达到对客体内在属性逻辑关系的把握和问题的解决,同时也促使个体原来的经验图式得到整合和更新。在建构游戏过程中,幼儿需要以完成某一模型或任务为目标,寻找建构材料之间的逻辑关系,然后在拼搭的过程中通过选择、调整最终完成积木建构任务或解决实际问题。这一过程就是动作思维的过程,它体现了动作思维发展的目的性、调控双向性、过程逻辑性等基本特点。从这个角度来讲,积木建构过程能较好地促进幼儿动作思维的发展。

(二) 拼拼搭搭中形成创造思维

积木具有可供随意组合的灵活性特点,幼儿对积木进行分析、综合、拼搭的过程,就是在头脑中进行创造性构思的过程,也就是创造思维的过程。幼儿可以赋予没有"意义"的材料新的"生命",让材料变成各种各样的建筑、动物、场景等。在这个过程中,孩子的创造性体现得淋漓尽致。

(三)扭扭转转中架构空间思维

空间思维能力是指人们对客观世界中物体空间关系的反应能力,主要包括空间知觉和空间想象能力。在建构游戏的过程中主要有两种模式,一种按物拼搭,一种是按想拼搭,但无论怎样,过程中都对幼儿的形状知觉、大小知觉、深度与距离知觉、空间定向等具有挑战和推动。如幼儿是参照实物拼出相应模型,就要认知物体构成的各个部件的空间结构、大小比例、基本形状等特点,然后选用适合的积木进行建构,这一过程能较好地训练幼儿的空间能力;如幼儿是按照想象进行建构,这就需要幼儿利用头脑中原有的实物表象,依据操作情境,重组出相应的模型。可见,建构游戏是幼儿空间思维发展的助推器。

 案例 3-1

城堡的大门(中班)

在中班的一次搭建活动中,男孩 A 正在给一栋搭好的小城堡建一个大门,他先找了两块长短相等的长方体泡沫积木立在地上,又去找来一个长方体的纸盒,想要搭在两块长方体泡沫积木的上方,但发现长方体纸盒只能够到下方的一块积木,够不到另一块积木,便转身离开。又到积木架上挑了一个一样大小的长方体纸盒,两只手各拿一个长方体纸盒。左手的长方体纸盒放在了左边的长方体泡沫积木上,右手的长方体纸盒放在了右边的长方体泡沫积木上,但男孩 A 发现上方的两个长方体纸盒挨不到一起。他停顿了一会儿,转过头看了看别处,有些愁眉不展。之后,他把手里的长方体纸盒放在地上,将下方的两块长方体泡沫积木之间的距离缩短,再次将两个长方体纸盒架在下方的积木上,他小心翼翼地松开手,大门搭好了,男孩 A 深呼一口气,嘴里说:"哎呀,这下好了。"

上述案例对我们的启示:在这个片段中可以看出,幼儿在操作的过程中感受到了物体的长短高低、形状大小等等,在不断尝试和调整的过程中了解了积木的特征和自己想搭的大门的基本形态,可见幼儿的空间思维得到了锻炼。

(案例提供者:周思婕、水玥)

(四)想想做做中养成逻辑思维

众所周知,建构过程中会包含一些诸如数学、物理等原理的因素。如幼儿搭建房子时会涉及到以下问题:如何让房子稳固地站起来? 如何选择不同的材料将房子墙壁围合? 如何用大小合适的形状做好屋顶,以使房子更加逼真? 皮亚杰的建构主义理论告诉我们,幼儿在这些实际操作中,能够不断实现感性经验的积累与内化,并逐渐将之转换为抽象概念。因此,建构游戏能够有效促进幼儿逻辑思维的发展,帮助幼儿积累相关的科学经验,为幼儿以后正式的学习奠定基础。

二、玩沙中感受自然力量

沙水游戏是通过幼儿的想象,以自然界中的沙水为基本材料进行建构和想象,通过手的操作及成品创造性地反映对周围事物的印象的一种活动。

在沙水游戏中,幼儿可以通过触摸、观察等最直观的途径自由地探究沙子与水的各种物理特性以及它们之间的相互关系,学习使用各种容器和工具进行测量和比较,试着和同伴介绍自己的作品及互相理解。由此可见,沙水游戏能够带给幼儿非凡的感官体验,蕴含重要的科学探索价值。

(一)沙沙水水材料自然

沙水游戏是探索自然物质的游戏,其最主要的材料就是来自大自然的沙与水。看似简单的两样材料却因其变化无限的探索空间深受幼儿的喜爱。幼儿喜欢抓沙、运沙、挑水、洒水等,尽享这份材料简单的魅力。

(二)堆堆洒洒体验自然

在玩沙玩水的过程中,孩子们亲手触摸,亲身体验,直接感知体验自然。当孩子们用手触摸沙子时："一粒一粒的、痒痒的、黏在手上……"这些童趣的词便从孩子的嘴里脱口而出；当孩子们穿着雨鞋踩水，便会因溅起的水花而欢呼雀跃；当孩子们将沙水组合时，"堆城堡、做陷阱"一件件趣事应运而生。不可否认，孩子在体验自然的过程中积累了科学探究的快乐。

（三）看看悟悟思维自然

在沙水游戏中，幼儿通过观察、体验自然而然地积累自己的经验。孩子们会在看到水从瓶子里流出的速度不同来调整瓶口倾斜的角度，孩子们会在看到沙子遇水变色的现象时绘制一幅沙水画，孩子们会在看到沙子堵住了沙漏出不来时选择摇晃或者换入干沙。大自然的奇妙现象不但激发了幼儿游戏的兴趣，而且给幼儿科学探究搭建了最好的台阶，让孩子们自己边玩边学习、边操作边探究，发现现象和结果之间的关系，在自然的过程中建构自己的思维模式。

 **案例 3-2**

水变没了（小班）

小班的孩子们在玩沙水游戏。乐乐拎了一桶水，一不小心水桶翻倒在沙坑里，瞬间水就没有了，而原来黄色的沙子变成了褐色。

乐乐弯腰用手摸了摸褐色的沙子，开心地说："水变没了，沙子变湿了！"在她的带动下，身边的几位小朋友都去拎水，将水倒到沙坑里，一边玩一边观察着水变没的现象。

上述案例对我们的启示：沙水游戏中幼儿自由地玩耍，当幼儿从一开始的不小心将水洒入沙坑到后来乐此不疲地重复这一动作，说明幼儿已将无意的发现变成了有意识的探索。他们在做一做、看一看、摸一摸的亲身感知过程中明白了"水不见了"这一沙子吸水的特性。

（案例提供者：唐彧朱、孙思恬、魏悒玲）

三、探索中领略多彩世界

探索游戏多为教师有目的地选择贴近幼儿生活的科学教育内容,创设自然化的科学教育活动环境,引导幼儿观察身边的科学事物和现象,从而培养幼儿探索兴趣和科学能力的游戏。

探索游戏由于得到了教师最大限度的支持,有着丰富的材料和探索空间,为每位幼儿都能运用多种方式进行探索提供活动条件,满足幼儿探索过程性的体验和积累,是幼儿科学学习的重要途径。

(一)领域无限内容丰富

幼儿生活在一个五彩缤纷的大千世界之中,在这个千变万化的世界里有许多孩子们未知的问题,探索游戏正好满足幼儿的科学探索欲望。据了解幼儿园都有专门的探索游戏活动室,也叫科探室,其中有植物生长、力学、声学、磁学、光影实验、科学小制作等等游戏探索材料,几乎涵盖了《3—6岁儿童学习与发展指南》中科学领域所涉及到的全部内容。

(二)互动无限方法丰富

由于探索游戏内容丰富,幼儿在游戏的过程中自然呈现出多样的互动方式和方法,比如幼儿在自然角里亲近自然,用眼睛观察植物的生长过程,用鼻子闻闻各种植物的味道;在玩磁力小车的过程中手部感受到磁力的作用。有时幼儿需要借助一些工具来完成科学探索,比如光影实验时调节手电筒的灯光会发现随之变化的影子;声学实验时需要制作传声筒感受声音传输的趣味。有时幼儿需要和同伴一起合作,比如有的实验需要有人操作有人记录;有的实验需要多人一起动手才能完成。可见,幼儿在与材料的充分互动中,感受着不同方法带来的不同体验,感受着科学游戏的快乐和特别。

(三)发现无限收获丰富

幼儿用多种方法参与各种探索游戏,在过程中会有很多发现。有时,幼儿能感知和发现动植物的生长变化及其需要的基本条件,比如探索游戏区里的"青蛙成长日记",幼儿每天观察,感受着小蝌蚪先长出后腿,再长出前腿,最后变成青蛙的整个生长变化过程。有时,幼儿能够感知和发现常见材料的溶解、传热等性质或用途,比如幼儿把糖放在水里搅拌,发现糖不见了,明白糖溶解了。有时幼儿也能感知和发现简单的物理现象,比如幼儿在器皿中放有铁块、木块等材质的物体,不断往里面加水,便会发现铁制物体沉在底部不动,而木制物体则会浮起来。可见,幼儿在探索游戏中收获了丰富的科学体验与经验。

 案例 3-3

纸屑吸吸吸(大班)

今天,科学区里来了5个孩子:一诺、心怡、鑫鑫、栎栎、乐乐,在科学区里,教师投放了神奇的纸屑。在选择区角的时候因为是新投放的材料,大部分孩子都非常喜欢,这5个孩子一来到科学区就开始讨论这些纸屑和尺子是用来做什么的。栎栎说:"尺子是用来量纸的大小的,大的纸长度更长,小的更短。"乐乐说:"不对,这个尺子是用来划线用的,老师就经常用尺子这么做。"两人都觉得自己有道理就开始争论起来了,栎栎说:"我们去问问老师吧。"很快两个孩子找到了教师。在教师的指导下,孩子们知道了尺子和纸是用来做实验的,而且这个实验非常神奇。说干就干,两人很快就默契地点点头,可是实验下来尺子没有像老师说的那么神奇,没有吸住纸呀。乐乐查看了下纸屑,说:"这个纸屑太大了,又大又重,尺子怎么吸得起来。"栎栎说:"把它撕得再小一点。"很快,两个孩子又开始撕起了纸屑,这次纸屑撕得又细又多。孩子们又开始实验了,这次5个孩子一起做实验,有的用尺子擦自己的皮肤,有的是头发。擦皮肤的鑫鑫小胳膊变得红红的,可是还是不能够吸住纸屑。乐乐说:"哈哈,我成功了!"鑫鑫说:"教教我吧。"乐乐说:"尺子要多擦几下头发,这样就可以了。"大家再次尝试,奇迹发生了,纸屑居然像着了魔似地都立了起来,吸在了尺子上面,孩子们别提有多开心了。

上述案例对我们的启示:"尺子吸纸"是个有趣的科学实验,孩子们通过实验了解到了摩擦生电的原理,知道了怎样通过摩擦让原本没有电的尺子产生静电从而吸住纸屑。在本次活动中,孩子们之所以对这个活动感兴趣,首先是因为对尺子能够吸住纸屑这一神奇的现象产生兴趣,但是为什么会这样呢,这是需要探索的,虽然探索了多次孩子们几乎都以失败告终,可他们不放弃。其次是因为科学探索类的游戏有挑战的难度,孩子们一旦获得成功就会充满喜悦,这种喜悦是对自己的高度肯定也是将来信心确立的源泉。

(案例提供者:陈佳逸、华叶飞)

幼儿探究的过程是幼儿自主学习和知识建构的重要途径,老师要给予幼儿理解和支持,幼儿也会在动手操作和实验的过程中发现科学的精彩,收获属于自己的经验。

第二节 剧目,演绎科学的精彩

幼儿科学启蒙教育的途径有多种,通过剧目进行科学教育是一种新兴独特的科普形式。"科学剧目"针对幼儿以具体形象思维为主的思维特点,把深奥的科学现象用戏剧表演的形式展示给幼儿,并通过鼓励幼儿直接参与、感知、亲身体验等形成对科学知识和科学现象的深刻认识,深受幼儿的喜爱。首先,剧目让科学启蒙教育更具艺术性。"科学剧目"通过舞台、灯光、人物演绎等,对生活中的一些科学现象,通过精彩、新奇、富有吸引力的表演方式呈现,极具吸引力,让幼儿一边"赏一赏",一边沉浸在艺术表演和科学学习的过程中,符合幼儿爱美的心理需求。科学启蒙与艺术的结合,使科学探究更具艺术色彩,同时也为幼儿进行科学探究活动提供艺术的气息氛围。"科学剧目"使幼儿的活动更具美的特质,在浓厚的艺术氛围中感受与体验科学探究的乐趣,使幼儿更加专注地投入到科学操作活动中,在活动中创作科学与美的交响乐。两者的结合使科学启蒙更符合幼儿的心理特征和现阶段课程目标。其次,剧目让科学启蒙教育更具可视性。"科学剧目"通过直观的表演和演示,让孩子们直接观看科学现象、直接感受科学原理,让复杂的科学过程变得具有可视性,让幼儿在"看一看"的过程中深受启发,符合幼儿直观感知为主的学习方式。学前期的幼儿思维具有直观性、具体性特征。活用剧目可以弥补幼儿学习方式上的不足,更能促进幼儿的探索与求知欲望。巧用剧目使科学启蒙更可见、更具趣味性,更能促进幼儿主体性的发挥,凸显幼儿本体。最后,剧目让科学启蒙教育更具速效性。"科学剧目"能够通过"紧凑环节"和"快进效果"实现科学过程的"速效",也就是能够化解场地局限、时间长短等条件,用较短的时间帮助幼儿了解相应的科学内容,让幼儿不会因繁杂的项目和过久的时间而对科学活动产生压力,而是在"短短"的时间内领略科学的精髓,符合幼儿学习注意力的时间需求。幼儿的学习具有时效性,从而要求老师在一定的时间内通过简单具体的方式进行教学。"科学剧目"的呈现使科学活动变得更为简单易懂,也使幼儿的学习变得高效。

一、表演剧的艺术之美

科学表演剧是根据教学的需要,在教师的组织下由教师或幼儿依据活动过程扮演特定的角色,通过师幼互动表演对幼儿进行科学教育的活动。

(一) 在情境中学习让科学过程更艺术

科学表演剧是幼儿在情境中学习科学的重要过程,幼儿在参与表演的过程中,通过情境性的设计理解科学原理、通过情境性的对话理解科学内容、通过情境性的舞台创意凸显科学的核心。而整个过程以艺术为纽带,让幼儿在科学情境中感受艺术表现的魅力。

(二) 在角色中学习让科学互动更艺术

在科学表演剧的过程中,会有多名幼儿或教师共同参与,这个过程中幼儿有担当角色、理解角色、体验角色、表现角色的过程。角色的多元体验促使幼儿学习更具互动性。在整个过程中幼儿以"互动"为核心小组式地表演科学内容,通过生动的语言、灵活的肢体动作和丰富多样的辅助材料,让科学互动极具艺术效果。

(三) 在欣赏中学习让科学评价更艺术

科学表演剧的排练、演出和观看环节,除了幼儿自身经验的建构,还在与同伴的互动中进行欣赏学习,幼儿会对自己和同伴的表现进行评价和判断。如角色行为、角色语言是否与所要表现的科学内容相吻合,舞台效果是否符合预设的科学教育期望等,幼儿会在潜移默化的过程中看到科学学习艺术化的一面,从而用艺术欣赏的眼光看待科学学习,让科学评价更具艺术性。

爱护眼睛(大班)

一、人物

赵老师——手机、李老师——妈妈、小演员——亮亮

二、表演过程

手机：我的名字叫手机，现在人们都离不开我，我的本领可大了，能打电话，能发信息，尤其是能打游戏，可受小朋友的喜爱了，我能让小朋友的眼睛都看不见东西，哈哈，我都已经走进小朋友的梦里了！

旁白：亮亮小朋友每天手机不离身，尤其爱打游戏，还特别偏食，对眼睛好的东西他都不爱吃。一天他做了一个梦。

妈妈：亮亮，吃饭了，把游戏关掉手机放下。

亮亮：啊，游戏真好玩，我还要玩，我还要玩，就不放。

手机：亮亮，继续玩吧，你看我多好玩。再玩一个小时吧。

亮亮：妈妈我还要再玩一个小时。啊，妈妈，我的眼睛看不见了，(大叫)妈妈，妈妈！

手机：孩子们，虽然我的本领大，但是你们要是一直用我打游戏就会伤害你们的眼睛。

上述案例给我们的启示：在这个科普剧中，针对目前电子产品泛滥严重影响幼儿的视力的情况，通过设定一定的情境，让幼儿自己表现、感受电子产品对眼睛的危害。这种科学表演剧的艺术方式，更容易引起孩子的共鸣。孩子也更能在这种形象的表演中知道其中的道理。

(案例提供者：赵锦丽)

二、实验剧的原理之旅

科学实验剧是指通过动手操作、直观演绎、视频声效、故事表演等方法让科学学习

看得见、摸得着,把看似复杂的科学知识和现象以实验表演的形式展示给幼儿。

(一) 科学演绎更直观

科学实验剧通过实验的方式加以实验者生动形象的表演,让科学现象更直观化,让一些深奥的科学知识更简单化,让一些平时幼儿不易接触到的科学知识更生活化,能让幼儿直接看到科学的变化或事物发展的过程,让幼儿能够更为直观地进行科学学习,符合幼儿直观感受学习的特点。

 **案例 3-5**

分开的气球(小班)

一、道具:红色、蓝色充满气的气球各一只

二、表演过程

赵老师:孩子们,你们看我手里拿的是什么?

小朋友:两只气球。

赵老师:这两只气球是一对好朋友,他们叫红红和蓝蓝,上幼儿园的路上也手拉手一起去,可是有一天,这两个好朋友谁也不愿意理谁了。(边说边用干燥的绒布分别在两个气球上摩擦,然后再提起线。)

小朋友:啊,他们真的生气了,他们都分开了!

赵老师:你们知道红红和蓝蓝为什么会分开吗? 仔细观察的小朋友会发现我用绒布分别与两只气球摩擦,他们才分开的。

上述案例对我们的启示:通过形象的科学实验表演让幼儿更直观地认识到,用毛皮摩擦过的橡胶棒所带的电是相同的,叫做负电。相同的电荷有相互排斥的特性,而不同的电荷会互相吸引。由于两个气球被绒布摩擦后带上了同种电荷,所以会互相排斥,自然就分开了。

(案例提供者:赵锦丽)

（二）科学操作更真实

《3—6 岁儿童学习与发展指南》指出："引导幼儿通过观察、比较、操作、实验等方法，学习发现问题、分析问题和解决问题。"而科学实验剧能够符合幼儿动手操作的学习需要。科学实验剧中表演者通过自己的语言介绍、动作提示和表情感染等方式表演科学内容，整个过程中表演者的操作更为真实，幼儿的体验更为丰富，科学学习更为自然。

（三）科学参与更深度

科学实验剧的表演过程中，除了表演者对科学活动的参与比较深度，还会邀请观看者参与其中，充分调动幼儿的各种感官参与剧中并亲自动手尝试实验和探索。整个过程注重所有幼儿的参与和感知，让科学学习不再浮于表面，而是注重幼儿深度学习的学习需求。

三、表演秀的智慧启迪

科学表演秀是目前一种流行的科技传播形式，是指通过专业表演、多媒体展示和群众体验为主要方式，以激发参与科学兴趣为目的的科学展示活动。

（一）环保时装秀让科学贴近生活

环保时装秀是指幼儿、教师或者家长围绕某一主题，通过利用生活中的废旧材料制作成服装进行表演，号召人们节约环保的科学秀活动。在环保时装秀的活动中，幼儿会亲身体会到废旧物品再利用的乐趣，感受到环保对生活的重要性，同时在制作服装、演绎主题的过程中感受到物品变形、材料组合、颜色搭配等科学在生活中的运用，让科学贴近生活。

（二）魔幻科学秀让科学更具魅力

魔幻科学秀是把科学实验的教育因素与时尚舞蹈表演完美结合，让观众在感叹科学的同时欣赏艺术的魅力。如台湾力翰科学秀的活动现场，达芬奇老师化身魔力老师带领孩子们玩转伯努利原理、波以尔定律、干冰实验，运用烟雾机及纸箱制造出神奇的空气烟圈，用超大型吹风机使气球悬空，用干冰营造出如梦如幻的烟雾天堂，夸张的表情、幽默的语言和魔幻的舞台氛围将孩子们带入神奇的科学殿堂。

(三)求真科学秀让科学回归坚持

求真科学秀是指带有一定问题指向,鼓励幼儿或观众共同参与并秀出自己科学探索和实验过程的科学秀活动。在这类活动中很难较快或一次性地达到实验目的,可能需要参与者反复实验方能发现科学原理,如求真科学秀中主持人会问"一根缝衣针扎到什么物品中不会爆炸?充满水的气球、充满空气的气球还是灌满沙子的气球。"幼儿会带着问题和思考去实验,直到发现结果并与大家分享,而这一过程正凸显了坚持品质对幼儿科学学习的重要作用。

第三节　媒体,让科学熠熠生辉

随着社会的日益发展、计算机技术的不断进步,多媒体在幼儿园各领域的运用受到普遍重视,而通过适宜的媒体进行科学启蒙教育有其自身的优势,为幼儿园科学教育注入新的生命力。

首先,媒体让科学启蒙教育在虚拟现实中升华。"适用媒体"通过虚拟现实技术演绎科学操作或科学实验,让幼儿在媒体营造的氛围中,较快进入学习状态,领悟媒体所呈现的科学内容。在这个过程中幼儿会有身临其境的感觉,仿佛自己就是一名小小科学家,身处实际操作中。"适用媒体"解决了科学启蒙教育虚拟现实的技术问题,让较为复杂的科学原理在虚拟的场景中呈现,符合幼儿"避繁求简"的学习方式。幼儿有较强的好奇心和视觉追求,"适用媒体"使幼儿的学习变得更生动、更丰富。教师善用媒体使枯燥的科学知识变得可视和有趣,同时,也给幼儿的视觉带来一定的愉悦刺激,更能激发幼儿的科学启蒙探究。

其次,媒体让科学启蒙教育在人机交互中探究。"适用媒体"意味着遵从幼儿的需要和特点选择合适的媒体。在科学启蒙教育中,常用的方法是通过多媒体文字、图形、图像、动画、声音相互结合的方式鼓励幼儿参与学习过程,在这个过程中,幼儿可以和媒体进行互动,如人机问答、人机模仿操作、人机环节对接等,让幼儿不只是单一的操作,而是在人机交互中快乐地探究。兴趣是幼儿的第一任老师。幼儿在学习中,教师"适用媒体"可增加幼儿与媒体内容进行有效互动,从而促进幼儿理解科学知识,同时,也使学习过程变得生动有趣易操作。

最后,媒体让科学启蒙教育在多维空间中感悟。"适用媒体"有时会拓展日常科学研究的场地,让科学探索的空间有所延伸。如通过特定的技术呈现"走进效果",即采用整体到局部的演示方式让幼儿聚焦科学研究中的主要问题;通过"路线方式"让幼儿明白具体的操作步骤;通过"3D电影"效果将镜头缩放、旋转和平移特效,孩子就像在观看一部3D动画电影。无疑"适用媒体"会挣脱科学场地的局限,让幼儿在虚拟多维空间中感悟科学启蒙教育带来的强烈冲击力。幼儿的学习是一个多元化的过程,"适用媒体"使幼儿的学习过程变得可见、使科学更具艺术性。加德纳提出:"幼儿的学习是一个多元过程",媒体教学使幼儿科学探究更多元。

一、多种感知的体验

乌申斯基说:"儿童是用形式、声音、色彩和感觉来感受周围的事物。"而多模态PPT演示就是在幼儿科学教育过程中,有效地将文字、图形、图像、动画、声音相互结合,让幼儿在充分感知的基础上接受科学启蒙教育。

(一) 图片模态的运用让科学现象看得着

幼儿以无意注意为优势,多模态PPT演示中添加图片模态的运用,通过轻松、活泼、色彩鲜艳的图片展示能有效地吸引幼儿的注意,激发幼儿参与科学活动的兴趣,让科学活动变得顺其自然。另外多模态PPT演示中添加图片模态还可以聚焦展示科学中的具体内容,让科学现象定格在图片中,便于幼儿观察和理解。

如在小班科学活动"磁铁的作用"中,老师通过PPT演示中添加图片模态的运用,将磁铁可以吸住的物体和不可以吸住的物体设计成精美的图片一一展现,使得幼儿在观察的基础上学会总结并得出结论,让原本难懂的科学内容变得显而易见。

(二) 声音模态的运用让科学效果听得到

多模态PPT演示中添加声音模态的运用是指通过添加与科学有关的音效帮助理

解相关的科学知识。如播放动物的声音帮助幼儿了解不同动物的叫声;通过对比播放大海与小溪的声音,发现水流与声音大小的关系;通过扩大蜡烛燃烧瞬间、花朵开放瞬间、静电吸附瞬间等科学声音,让孩子用耳朵领略科学另一面的神奇之处,使得科学启蒙教育更有童趣。

(三) 动画模态的运用让科学过程理得清

多模态 PPT 演示中添加动画模态的运用是动态地呈现科学学习内容,让孩子清楚地感受和理解科学变化的过程。如多模态 PPT 演示中添加动画模态可以让孩子们感受蝌蚪变成青蛙的动态过程,可以帮助孩子们领略两种颜色混合时动态的融合过程,可以辅助孩子理解电的传输过程。通过动画模态呈现科学过程有利于幼儿在观察探索中了解事物发展的规律和变化,把静态知识动态化、抽象知识形象化,让幼儿有所看、有所听、有所悟。

 案例 3-6

奇妙的齿轮(大班)

一、活动目标

1. 知道齿轮是时钟运行的重要部件,初步了解齿轮运转的原理。

2. 培养幼儿喜欢探究的精神。

二、活动准备

钟,教学 PPT

三、活动过程

(一)出示闹钟,引起幼儿兴趣

1. 老师手里拿的是什么?(闹钟)

2. 钟面上有什么?(指针)

小结:闹钟的钟面上有 1—12 个数字还有三根长短不同的指针。

(二)摆摆弄弄,观察闹钟结构

1. 你们听到了什么声音?

2. 想想看指针为什么能转动。

小结：闹钟有三个手指，它们在闹钟的钟面上转动并发出滴答滴答的声音。

（三）出示PPT，探索闹钟内部结构

1. 出示第一张PPT

（1）宝贝们，你们看到了什么？（齿轮）

（2）小齿轮住在哪里？（闹钟里）

（3）小齿轮有几个兄弟姐妹？

2. 出示第二张PPT

（1）齿轮有什么作用呢？（能带动闹钟的指针转动）

（2）为什么齿轮的转动会带动闹钟指针的转动？请幼儿仔细观察。

小结：原来是齿轮的转动带动闹钟指针的转动，我们就能听到小闹钟的声音了。

3. 出示第三张PPT

（1）生活中看看其他的齿轮，并说说哪些地方可以看到齿轮。

（2）自由讨论自己发现的齿轮。

上述案例对我们的启示：钟是幼儿生活中常见的，但是很少有幼儿会仔细观察并思考：钟的指针为什么会转动？通过设计本次科学活动，老师精心制作了教学PPT，加以齿轮转动的视频，展示了齿轮的转动带动钟的指针转动的画面，让原本看不见、摸不着的"传力"科学原理变得可视、可听，直观、生动、明了；同时在教学PPT中加入闹钟的声音，更是给"传力"的科学原理加上神秘的色彩，激发幼儿科学探究的兴趣。

（案例提供者：赵锦丽）

二、互动参与的神奇

Focusky是一款新型多媒体幻灯片制作软件，相对传统PPT来说，增加缩放、旋转、移动动作使演示更生动、更逼真、更具吸引力，同时Focusky采用整体到局部的演示方式，以路线的呈现方式，模仿视频的转场特效，加入生动的3D镜头缩放、旋转和平移特效，像一部3D动画电影，让幼儿参与其中，感受科学启蒙教育的魅力。

(一)"思维导图式演示"明确科学方向

在幼儿科学启蒙教育中,利用 Focusky 的"思维导图"功能,可以在活动过程中通过师幼互动进一步明确幼儿科学探究的方向,而因 Focusky 的"思维导图"功能不只是单一线路的行进,可以多种路线同时并进,也就是说在科学活动中幼儿可以根据自己的理解和推断对科学现象等阐述和展示自己的观点,同时在展示平台还可以分享其他伙伴的思考和经验,教师在整个过程中起到"引思路"、"展想法"、"理方向"的作用,最大限度地帮助每个幼儿明确科学探究的方向及路线。

(二)"即时编辑修改"拓展科学思路

Focusky 即时编辑修改功能是指它支持随时编辑修改以及完善。教师可以在和幼儿进行科学活动的过程中随时对演示内容增加删减、改变演示文稿的样式和路径等等,同时由于 Focusky 的即时编辑修改功能操作简单方便,可通过平移、放缩镜头效果,灵活地对活动过程中幼儿有争议、有问题、有想法的部分进行重点讨论。因此,Focusky 即时编辑修改功能够避免传统媒体由教师过分主导的缺陷,而是更显幼儿在学习过程中的主动性和参与性,激发幼儿参与的热情,有利于拓展幼儿科学思路。

(三)"电影式转场特效"激活科学灵感

传统的 PPT 演示软件通常是线性的切换播放,Focusky 则打破常规,模仿视频的转场特效,加入了生动的 3D 镜头缩放、旋转和平移等特效,使得整个演示过程就像一部电影,能给幼儿带来强烈的视觉冲击。"电影式转场特效"能够带领幼儿走进不同的场景,让幼儿在相应氛围中感受每项科学活动的特质,激发幼儿参与科学活动的灵感。

如在大班科学活动"会翻跟头的蛋宝宝"中,老师利用"电影式转场特效"先后让幼儿近距离观察纸老鼠和蛋宝宝翻跟头的秘密,让幼儿发现如何才会使纸老鼠和蛋宝宝翻跟头。不断变换的场景激活幼儿科学学习的灵感,使其积极投入、沉浸其中。

三、点睛之笔的魅力

在幼儿科学启蒙教育中运用"小型微课"旨在通过事先录制好的视频帮助幼儿理解科学学习中的某个知识点。因为"小型微课"具有时间短、针对性强、运用灵活的特点,对传统的教学手段起着补充作用。

(一) 共同性微课尝试基础的渗透

在科学启蒙教育中有很多科学基础知识和实验操作知识,如果通过幼儿探索不仅需要比较漫长的时间而且收效还不能保证,我们可以通过"共同性微课"将浅显的科学常识和实验操作知识渗透给幼儿,如通过"共同性微课"帮助幼儿理解磁铁的正负极、了解滴管的清洁方法、明白科学实验的简单规则等,便于幼儿快速学习,从而建立科学基础,建立学习自信,为以后深入学习铺设台阶。

(二) 层次性微课体验个性的发展

幼儿科学经验的建构不是整齐划一的,而是在自己的水平中小步递进,"层次性微课"能够满足幼儿科学学习的差异性,如对"吸水性"这一内容的探究可以做成"哪些纸可以吸水—哪种纸吸水最快—怎样让纸防水"这样三个层次的微课,幼儿既可以按层次依次学习体验,也可以根据自己的爱好和科学能力选择性地进行学习体验。"层次性微课"通过对同一科学内容不同层次的体现,供幼儿个性选择和尝试,让幼儿的个性在科学活动中得以发展。

(三) 共建性微课感悟研究的深入

传统意义的微课多由教师设计并录制,而"共建性微课"提倡的是鼓励幼儿参与共同制作微课。如微课中的问题可以由幼儿提出,过程可以由幼儿尝试,结果可以是幼儿有感而发。在这个过程中教师起到的作用是"穿针引线",鼓励幼儿参与科学探究、大胆表述自己对科学的推断和想法,梳理幼儿发现的科学现象和规律。如中班的共建性微课"节约用水"中,教师提问:"如果没水世界会怎样?"孩子们自主表达:"如果生活中没有了水,就没有水喝,没有办法烧饭,没有办法洗手,动植物包括人都会渴死。"从而孩子们得出结论:"水是重要的资源,要节约用水。"再如大班科学活动"牛奶营养多"里先让幼儿通过微课了解牛奶的制作过程。在这个过程中因为幼儿既是学习者也是参与者,"微课"让幼儿更有主人翁意识,更显主动学习的热情,更利于幼儿科学研究精神的萌芽。

牛奶营养多(大班)

一、活动目标

1. 了解牛奶的来源及奶制品的制作过程。

2. 了解牛奶中的营养成分,懂得多吃奶制品有利于健康。

二、活动准备

1. 经验准备:幼儿了解牛奶的颜色、味道、形态。

2. 材料准备:准备一些含有牛奶的食品,如各种牛奶糖、牛奶巧克力、牛奶饼干;课件《奶制品的来源》、《牛奶的营养成分》、《各类奶制品》。

三、活动过程

(一) 播放谜语《白娃娃》——激发幼儿对活动的兴趣。

1. 请小朋友听首儿歌,然后回答儿歌里的问题。

2. 请猜猜故事里的白娃娃是谁呀。为什么你猜出是牛奶?

小结:原来故事里的白娃娃就是牛奶。

(二) 微课欣赏一——引导幼儿观察了解牛奶的来源和奶制品的制作过程。

1. 猜测:牛奶是从哪里来的?

2. 欣赏微课后讨论:奶制品是怎么制作出来的?

小结:牛奶是从农场里的奶牛妈妈身上挤出来的,然后经过加工变成我们每天可以喝的牛奶。

(三) 微课欣赏二——了解牛奶的营养成分。

1. 讨论:你喜欢喝牛奶吗? 为什么?

2. 牛奶里到底有些什么营养呢,让我们一起来看一看。(出示图片:牛奶的成分)

小结:牛奶里含有丰富的钙,可以促进我们骨骼生长。

(四) 微课欣赏三——了解生活中的奶制品,懂得多吃奶制品有利于健康。

1. 牛奶里有这么多的营养,所以很多吃的食物里都添加了它。请你们想想你吃过哪些加了牛奶的食物。(出示图片:奶制品)

2. 我们刚才讲了许多加了牛奶的食物,这些加了牛奶的食物,我们可以称它为"奶制品"

小结:奶制品里有很多的营养成分,我们小朋友一定要每天喝牛奶,多吃奶制品,这样才能让自己长得更健康。

上述案例对我们的启示:课堂"微课"运用得当,可以调动幼儿的积极性,吸引幼儿的注意力。因为平时生活中我们接触不到牛奶的制作过程,通过第一段微课孩子们的注意力一下子被吸引了,通过每一段微课展示,孩子们亲眼目睹了牛奶从生产到制作到运输的整个过程,从而增加了幼儿对牛奶的认识,养成多喝牛奶、多吃奶制品的好习惯。同时微课的展示更直观,也更有利于幼儿理解,微课展示远远比口头教授更能让幼儿接受。

（案例提供者：赵锦丽）

第四节　实践,孕育知识的土壤

"实践出真知",通过形式各样的实践活动开展幼儿科学启蒙教育符合幼儿爱尝试、爱动手的年龄特点。通过实践,幼儿边体验、边思考、边收获,从而建构自己的科学经验,容易受到幼儿的喜欢。

首先,实践让幼儿科学启蒙教育顺应儿童。幼儿正处于积极探索世界的阶段,他们对各种新奇事物都充满好奇和兴趣,并利用自己已有的生活经验进行各种各样的探索。幼儿在科学启蒙活动中,需要具备动手操作的能力,在操作过程中进行感知与思考,从而更好地理解科学知识的内涵。陶行知提出:"行是知之始,知是行之成",对于幼儿也是如此。幼儿园各项课程都需要幼儿这一本体发挥其主观能动性作用,积极动手参与到各个活动中去。科学启蒙同样需要幼儿参与并积极动手操作,从而感知体会科学常识。实践探索是幼儿的必备活动之一。

其次,实践让幼儿科学启蒙教育贴近儿童。《3—6岁儿童学习与发展指南》中提出:"幼儿科学学习的核心是激发探究兴趣,体验探究过程。"善用实践符合幼儿发展的客观规律,幼儿在实践探索中,感知、领悟科学的真谛。老师引导幼儿通过观察、比较、操作、实验等方法学会发现问题、分析问题和解决问题。幼儿思维发展以具体形象思维为主,老师需引导幼儿通过直观感知、亲身体验和实际操作进行科学探索,而不是偏离幼儿的思维进行的灌输和强化训练。

最后,实践让幼儿科学启蒙教育遇见儿童。幼儿科学启蒙活动不仅可以在园内开展,也可以在幼儿家中进行。比如一些比较简单易操作的科学小实验,老师可通过亲子小作业的形式,充分利用好家长这一潜在的资源。这样,家长也能加入到我们的科学教育活动中,通过一些类似"亲子小调查"或"亲子观察记录"等形式,发挥家长这一强大后备资源的作用。科学探索活动也要充分利用好社区这一便利资源。幼儿园课程资源包括微观和宏观课程资源。幼儿科学启蒙活动可以在参观、参加社区活动中进行探索的体验,如博物馆、体育馆、社区展览等,充分利用这些潜在的资源对幼儿开展科学启蒙教育。

一、生活点滴聚沙成塔的智慧

《幼儿园教育指导纲要(试行)》中指出:"科学教育应密切联系幼儿的实际生活进行,利用身边的事物与现象作为科学探索的对象。"众所周知,幼儿年龄越小生活教育所占比重越多,教师此时将科学教育与幼儿日常生活紧密联系,有利于幼儿较早萌发科学研究意识,养成科学探究兴趣。

(一) 源于问题随机生成

好问好奇是孩子的天性,在日常生活中经常会听到孩子问这问那。"船为什么会浮在水面上?""为什么鱼会游?""为什么有些人要戴眼镜?"在日常生活中,成人要充分呵护幼儿的探究欲和好奇心,比如教师可以结合生活经验给幼儿讲讲问题背后的原理,可以鼓励幼儿通过查询资料寻求答案,有时也可以通过做小实验来满足幼儿一探究竟的求知欲,让科学教育更多地在一日生活中随机生成。

(二) 基于兴趣顺水推舟

兴趣是幼儿学习的动力,也是幼儿园课程目标和内容的重要来源之一,基于幼儿兴趣的基础开展适宜的科学启蒙教育会起到顺水推舟、事半功倍的效果。如春天来了,幼儿在这一季节很容易对各种植物的外形特征和生长产生探究的兴趣,教师要善于捕捉幼儿的学习兴趣,引导幼儿观察植物的外形,提供适当的工具鼓励幼儿记录,创设平台让幼儿分享交流,共同收集材料丰富知识经验等等,适当地通过支持推进幼儿的科学学习。

(三)随遇偶然信手拈来

除了预设的科学教育活动,很多科学教育可以结合偶然事件开展,如幼儿照镜子时通过镜子观察身后的伙伴而产生好奇,教师可以让幼儿多试几次,感受平面反射成像的现象。又如幼儿玩电动车时电池脱落,在安装的过程中试来试去不成功,教师就可以引导幼儿观察电池的外形,将电池型号和正负极概念传达给幼儿。这种即时性的科学教育对幼儿来说好比及时雨,会起到画龙点睛的作用。

 案例 3－8

大种子,小种子(大班)

自然角也是幼儿园生活活动的一部分,它是孩子们观察和探究自然的重要场所。孩子们自己动手把从家里带来的种子种到小花盆里,他们可以在一日生活中随时进行自由的探索活动,可以自己决定探索时间的长短、方法及协作关系。如在一次观察的活动中,两个孩子争论起来,一个孩子说:小种子的根肯定又小又细,大种子的根肯定又大又粗;另外一个孩子说,小种子的根也能又大又粗,而且还举出有些树的种子很小,可长出的树却很大的例子。两个孩子互相不同意对方的观点,于是在我的引导下大家一致提出了这样的一个问题:"大种子的根又大又粗吗? 小种子的根又小又细吗?"为了让孩子们自己主动观察,我引导孩子们首先观察种子的大小,然后把种子种在透明的容器里,并用自己的方法做好记录,然后经过一段时间的观察,他们发现大种子的根不一定就大,小种子的根也不一定就又小又细。同时为了引导幼儿进一步探索植物根的秘密,我又与孩子们一起创设了"根的力量"等探究环境。孩子们在自我种植、管理的过程中,观察、发现植物的变化。

上述案例对我们的启示：通过这样一个活动，我越来越感受到，其实幼儿的科学教育存在于一日生活中的点点滴滴，选择孩子们身边常见的物品作为科学教育的内容，尤其是通过孩子们自己动手观察得出的结论，孩子们会感兴趣，有探究学习的积极性。如果单凭说教给孩子们灌输种子和根的关系，对孩子们来说看不到、摸不着，不仅很抽象而且难于理解和吸收，而他们通过自己的动手操作丰富知识经验，不仅提高了他们的动手能力，更重要的是，孩子们亲历了科学探究的过程并激发了他们对科学探究的兴趣。

（案例提供者：赵锦丽）

二、参观体验走向未来的旅途

《幼儿园教育指导纲要（试行）》指出："充分利用自然环境和社区的教育资源，扩展幼儿生活和学习的空间。"鼓励幼儿走向社区参观体验，不仅能够开拓幼儿眼界，更是帮助幼儿认识世界、探索世界、获取科学经验的重要途径。

（一）大自然让科学教育充满生命

幼儿科学启蒙教育，不仅是知识启蒙，还应包括兴趣和态度的启蒙。而兴趣和态度的培养与良好的学习环境密不可分，通过大自然对幼儿进行科学教育，能够满足幼儿深处在真实和多元的自然环境中进行科学学习和探究活动的需求。在这个过程中幼儿容易被大自然充满生命的事物所吸引，有利于其科学情感、态度等方面的培养和熏陶。

如幼儿在森林里游玩，自然会观察到树木不同的形态、花朵不同的色彩、小草不同的种类，当然也会被巧遇的蝴蝶、蜜蜂、蜻蜓所吸引，而这些都是自然科学的萌芽，只有当孩子通过大自然对万事万物感兴趣，才有继续探究的可能，可见大自然即大课堂，让幼儿在感悟生命的过程中爱上科学探究。

（二）科技馆让科学教育彰显技术

通过科技馆对幼儿进行科学教育，有利于帮助幼儿感受到科学与技术的完美连接,这个过程不要求幼儿对所有科技产品有所了解,而是帮助幼儿感受到科学技术在生活中的大力运用,从而萌发对科学的向往,形成他们的科学意识与能力。

目前科技馆有很多互动的科学小实验和科学游戏,如"舞动机器人"活动,孩子可以通过遥控器和语音控制机器人扫地、跳舞等行为,让幼儿感叹科技给生活带来的美好。科技馆活动不但能帮助幼儿获得科学知识、萌生探索精神,还能够使其认识到科学在人们的生活中的应用,成为幼儿科学启蒙教育的重要手段。

(三)"服务区"让科学教育赋有文化

在社区中有很多服务性机构或场馆,如消防局、超市、菜场、餐厅等,这些"服务区"资源对幼儿开展科学启蒙教育有特殊的价值,可以帮助幼儿理解常见科学与不同文化的关系。

例如,幼儿观看消防员演示各种消防器材灭火的活动中,既感受到了不同物质灭火的效果,也在这个过程中萌发了对消防员的崇敬之情,这种带有特殊文化的科学教育对幼儿来说非常重要,它容易培养幼儿对科学的兴趣。又如,中国科学院幼儿园在中科院相关部门的大力支持下,引导幼儿走向科研院所,获得感性经验。他们帮助孩子了解小麦的生长变化,带领孩子走进遗传与发育生物所,观看小麦育种专家李振声院士做科学实验。在走进"服务区"的过程中,幼儿不仅学习到科学家治学严谨的态度,同时更加激发了对科学的兴趣和对科学家的崇敬之情,从而萌生正确的科学价值观。

 **案例 3-9**

消防水枪本领大(大班)

南翔消防中队是我们的共建单位,在一次社会实践中,我和消防中队的负责人提前联系,带我们的孩子来到消防中队,请消防员叔叔来给我们的孩子现场表演救火的情景。当身着消防工作服的消防员出现后,孩子们的注意力一下子被吸引了,个个聚精会神听着消防员叔叔讲解有关救火水枪的知识。紧接着消防员叔叔拿着水枪,开始现场演示救火,只见看似普通的水枪喷出擎天的水柱,孩子们瞪大了眼睛,瞬间惊呆了。

　　表演结束后,消防员叔叔问孩子们有什么疑惑,其中一个孩子提出:为什么水枪的口那么小,喷出的水却那么高呢?消防员叔叔首先请大家观察水枪的结构:由水枪和水带组成,当一定流量的水经过管道时,水的速度与管道的直径大小有关系,管道直径越小的时候,流速就会越快,喷出的水就会越高,而管道直径越大的时候,水的流速就会越慢,喷出的水就会越低。所以说,消防水枪要想获得较快的喷射速度,它的出口直径就需要小,出口水流的速度才会越快,水流喷射得也就越高了。

　　上述案例对我们的启示:幼儿园的教育资源是有限的,而幼儿的知识都是来源于生活中的社会实践,因此,我们充分利用了我们的合作单位南翔消防中队,让孩子们实地观察了消防员叔叔灭火的情景,他们不仅了解到了消防员叔叔的日常工作,而且通过实地观察引发了孩子们对科学的思考:为什么水枪口那么小,却能喷出那么高的水柱呢?消防员叔叔的精心讲解一下子拉近了这些科学知识与孩子的距离,我们也充分利用了合作单位的资源给孩子们上了一节科学课。

(案例提供者:薄亚琴、蔡梦晨)

三、亲子互动温情于心的感动

　　科学启蒙教育除了在幼儿园进行,也可以在家庭中进行。父母是孩子的第一任老师,也是陪伴孩子时间最长、最亲密的伙伴,鼓励家长参与到幼儿科学启蒙教育中,将会弥补幼儿园单一方面参与的不足,而让幼儿的学习更轻松、更温馨。

(一) 科学故事"说"出来的感悟

　　科学故事通过生动形象的语言将原本生硬的科学知识用童趣的方式呈现给幼儿,符合幼儿的学习特点。而亲子科学故事是指家长和幼儿共同参与科学故事的讲述或者表演,在利于亲子融洽关系的基础上最大限度地激发幼儿对科学的热爱。

　　如每天的睡前故事,家长可以给孩子讲讲科学家惜时如金、知难而进、捍卫真理的故事,用这些故事影响孩子优秀科学品质的形成。又如家长可以通过亲子演故事、对话等帮助幼儿理解科学故事的精髓内容,进而鼓励幼儿将科学"说出来",让比较内在的知识外显,增强幼儿的自信,继而更加喜欢科学活动。

(二) 科学实验"做"出来的体验

亲子科学实验是指家长和幼儿共同使用家庭中常见的物品,从而发现或表现科学原理的小实验。这些实验因其材料易收集、过程易操作、结果易发现的特点,受到家长和孩子的喜爱,是亲子互动的科学启蒙教育的重要途径之一。

如在亲子科学实验"能接住的泡泡"中,家长和幼儿事先在手上涂抹泡泡液,然后就能够随意接住泡泡枪中的泡泡,而泡泡不会破裂,这一过程让孩子不亦乐乎。其实这一实验的原理是因为家长和幼儿的手上粘一层肥皂液,成分和肥皂膜相同,避免了接触表面差异带来力的变化,并且阻隔了油脂和灰尘,对肥皂膜起到了保护作用。当然亲子科学实验注重的是幼儿体验和感知,至于背后的原理家长不必急于介绍给幼儿,相信他们有了探索的兴趣,会在科学探知的道路上越走越远。

(三) 科学制作"秀"出来的精彩

"亲子科学制作"不同于其他的亲子手工制作,而是要凸显科学原理的手工制作。通过亲子科学制作,家长可以和幼儿共同收集材料、反复尝试,既能够培养幼儿动手的能力、坚持的品质,更是帮助幼儿理解科学原理的好途径。

 案例 3-10

走马灯(大班)

在亲子科学制作"走马灯"中,家长和幼儿分工合作。第一步:幼儿负责画圆形、剪扇叶并做好灯罩放在支架上,家长负责购买蜡烛、点燃蜡烛,手工制作完毕"走马灯"没有转动。第二步:幼儿猜测等蜡烛燃烧一会走马灯就会转动,家长检查了扇叶、灯罩和铁丝支架,还是没能找出问题所在。步骤三:家长查阅科学原理书籍,发现扇叶角度要从原来的 15 度调整到 30 度才能确保空气自如流动,而后"走马灯"转动起来。在这次亲子科学制作中,家长和幼儿都是全情投入,而最后呈现的"走马灯"无疑是对幼儿深度探索和学习的肯定和见证。

上述案例对我们的启示：通过"亲子玩科学"活动，将科技文化融入到幼儿的平日生活，激发幼儿积极动脑、感知操作、无限畅想，享受科学实验带来的无穷乐趣。

（案例提供者：倪亚兰、陈慧珺）

第 四 章

走一段宽厚的探索之路

随着《幼儿园教育指导纲要（试行）》的颁布，幼儿园的科学教育活动也由封闭走向开放，由静态变为动态，由单纯知识的传授转向为幼儿提供更大的自主探索的空间。幼儿园科学教育不仅能丰富幼儿有关自然界的知识，而且能激发幼儿对自然的关心和兴趣，初步形成幼儿对周围的人和事物的正确态度，对幼儿的发展有十分重要的意义。

科学活动立体化过程是将课程理论转化为课程实践的过程，是决定课程改革成败的关键。课程实施不会自行规划、启动或推行，必须依靠学校全体成员的努力。为保证课程价值的最大实现，必须全园参与，共同制定适宜本园幼儿年龄发展特点、幼儿园办园特色、易于实施和开展的课程，加强幼儿园、教师等对课程实施的不断推进。

幼儿园科学启蒙教育立体化实施可以解决前期现状调查过程中的各种问题。例如，如何整体规划科学启蒙教育实施的整个过程；如何自上而下循序渐进地推动整个计划的实际落地；如何将科学启蒙教育向其他领域、空间合理延伸；如何探寻科学启蒙教育对孩子内在深层的影响等。在科学启蒙教育过程中我们将通过瀑布推进、链式互动、立体延伸、涟漪放射等方式不断助推立体化过程的实施。

第一节　瀑布推进，激起无穷浪花

《幼儿园教育指导纲要（试行）》中指出："幼儿的科学教育是科学启蒙教育，重在激发幼儿的认识兴趣和探究欲望；科学教育应密切联系幼儿的实际生活进行，利用身边的事物与现象作为科学探索的对象。"在科技飞速发展的时代，孩子们需要怎样的科学启蒙教育？在构建科技与人文并重的课程框架过程中，嘉定区域科创课程聚焦两个关键词：STEAM 和项目制教学。在这样的变革导向下，我园作为嘉定区十二所科创联盟成员之一，正在致力打造"科技特色幼儿园"，为孩子走入科学世界搭建通道。

对于幼儿科学启蒙教育立体化，我园采用"瀑布推进"的方式进行课程架构。所谓

"瀑布推进"是指在国家宏观政策及区域背景的推动下,幼儿园根据幼儿科学发展的整体目标对科学启蒙教育课程进行整体架构与探索,不断在幼儿园各年龄段及教师层面进行推进的过程。科学启蒙教育通过设计一系列阶段性的任务展开,从系统需求分析开始直到任务落实和维护,每一个阶段的任务都会产生循环反馈。科学启蒙教育的实施进程从一个阶段"流动"到下一个阶段,逐渐推进与落实;经由学校参与,师生卷入,溅起无穷的浪花,完成自上而下与自下而上的有机结合,这就是"瀑布推进"的由来。

一、两股力量的凝聚

幼儿园科学启蒙教育的开展是需要通力合作的,因此,"自上而下"的推动与"自下而上"的参与这两股力量构筑了"瀑布推进"的基本涵义。

首先,教育行政的推动作用是至关重要的,嘉定区全力打造"大视野"课程,相信有了教育行政的强力推进,学校课程会大面积地发生变革。

其次,专业力量的参与不可或缺,特别是区域教育专业部门的组织协调和实践参与。相对而言,区域教师进修学院处在宏观和微观的结合点上,是科学课程改革的前线指挥部,转变职能、强化指导、创造条件,在推进科学启蒙教育的过程中发挥其应有的作用是课程推进取得实质性突破的重要条件。

再次,课程专家的专业支持和接地气的帮助,对科学启蒙教育而言,是创造性推进的重要力量。

最后,科学启蒙教育要有广大师生的创造性实践,科学启蒙教育的实施是一个渐进式的过程,需要围绕课程行动目标,一步一个脚印地走下去,这样的科学启蒙教育才能结出最丰硕的果实。

(一) 加大课程融合度,助推幼儿科学素养的提升

随着知识经济时代的到来,人们更加清醒地认识到,国际社会的竞争越来越聚集于科技和教育的竞争。一个国家要想在未来的竞争中始终立于不败之地,就必须加强科学教育,提高全民族的科学素养。科技进步为人们生活带来了便利,而生活正是科学求索的驱动器,通过生活中各个领域的相互融合培养孩子的科学素养,让孩子在看看、听听、摸摸、闻闻、尝尝等活动中感知认识事物、认识世界。在自己动手摆弄、操作、

探索中进行观察和思考,发现问题、解决问题。

(二) 激发教师能动性,提升教师的科技专业素养

现在知识更新的速度越来越快,知识传播的途径越来越多。教师要给孩子们"一碗水"的知识存量已经不是原来意义上的"一桶水"所能涵盖的了。从这个意义上讲,不是不要有"一桶水"了,而是教师要使自己成为"长流水",成为"奔腾的小河"。因此,在科学启蒙教育的过程中,要注重激发教师的能动性,提升教师的科技专业素养。具有科学素养的幼儿教师,必定善于激发幼儿对科学的兴趣和强烈的探究欲望;善于选取幼儿最感兴趣的科学问题,采用适宜的方式帮助和引导幼儿了解和掌握最基本的科学知识和科学方法;善于创设情景和利用各种条件,使幼儿感受科学探索的过程和方法,体验探索和发现的乐趣,并从中建构初步的科学概念,学会用科学的方法解决生活和游戏中遇到的科学问题,逐步形成基本的科学素养。

(三) 延伸示范辐射圈,助于梳理有效做法及经验

科学启蒙教育的"瀑布推进"是幼儿园稳扎稳打落地有声的实践操作,可以整理出一整套操作方法和经验的总结,不仅能在幼儿园各年龄段中运用,也能对姐妹园的科学教育课程实施提供可参考的模式,具有推广的价值。

二、从"流水"到"水幕"的形成

科学启蒙教育是一项复杂的系统工程。立体化的过程需要整体设计、系统推进,整个过程环环相扣,将像流水一样的各个元素联动成"水幕"。

(一) 梳理发现

通过座谈、问卷、观察、资料查阅等方式,确定科学启蒙教育的起点状态,了解科学启蒙教育中存在的主要问题。比如,学校科学启蒙课程有没有顶层设计和系统性?"课程拼盘"现象是否存在? 有没有建立与办学理念匹配的课程话语系统等。前期工作就是未雨绸缪,发现问题、界定问题是瀑布式课程推进的起始环节。

（二）课程定位

在进行科学启蒙立体化过程时需要思考：科学启蒙教育的目标是什么？需求是什么？如何定位课程？近年来，教育领域密集地出台了一系列政策文件，如何进一步落实这些政策文件的要求，让其扎根区域实际并整合性落地？这是每一个参与者都需要深刻思考的问题。

（三）顶层架构

在开展科学启蒙教育立体化实施的过程中，我们要从以下几方面进行思考：科学启蒙教育的总体架构是什么？主题的布局是怎样的？主题内容如何思考与设计？我们如何推动整个主题内容的落实？

（四）主题筛选与适宜内容分析

我们需要确定科学启蒙教育的主题内容有哪些，需要思考这些主题内容适合哪个年龄段的幼儿，主题下的具体活动有哪些，如何实现主题目标等，这些细化对具体的实施过程有很大的帮助。

从科学启蒙教育实施的角度来看，推进"科学启蒙教育"要关注以下几个方面：第一，科学课程的丰富性，即课程是否能满足幼儿的发展需求；第二，科学课程的精致性，即课程开发得当与否，是否与幼儿的学习与发展匹配；第三，科学课程实施的深度，即在课程实施过程中是否激发了幼儿的学习兴趣，并为幼儿提供了主动参与、活动体验的机会。

（五）触点变革

科学启蒙教育的整体架构切忌盲动，每一个主题都需要在尝试的基础上目标聚焦、总结提炼，通过试点形成经验、形成模型，以便在更大范围推广与落实。因此，"触点变革"是瀑布式课程推进的一个重要阶段。在这个过程中，特别要注意发挥幼儿园的积极性和创造性。

（六）项目推广

瀑布式课程推进是有"落点"的整体实施过程，需要将"点"的经验分享研讨，逐层落实，全面推广。这个阶段特别要关注的是科学启蒙教育课程的普适性与适宜性，落实到学校的针对性和有效性。如何激活每一所幼儿园、每一位园长和教师的课程实施热情,是瀑布式课程推进这个阶段的焦点。

(七)评估反馈

瀑布式课程推进倡导吸收一线园长和教师进入评估小组,将科学启蒙教育过程中最生动、最真切的声音传递出来。通过评估反馈,调整课程实施项目的思路、策略与方法。

在科学启蒙教育过程中,我们采用"瀑布推进"的课程实施方式,是孩子与世界打交道的方式。让所有教师动起来,让所有信息流动起来,让所有渠道畅通起来,学校课程实施的图景将会美妙绝伦。

第二节　链式互动,因为有你

链式互动,顾名思义即各环节如链条一般环环相扣,且彼此之间相互联系和作用。立体化的链式互动定位孩子是认识的主体,是分析问题和解决问题的主体,又是创新与发展的主体。教师和家长则是科学活动的组织者和实施者,在活动中也发挥着重要的作用。因此,科学启蒙立体化过程的链式互动就是教师、家长与孩子共同参与和互动的过程。

一、从独角戏到全员转

孩子的发展离不开教师的帮助与指导。教师在科学启蒙教育活动的实施过程中发挥着重要的作用,在开展科学启蒙教育的整个过程中都要考虑到孩子的已有经验、年龄特点和各种资源条件等因素,制定合理的实施步骤和计划,并且在过程中不断地反思和调整,这样才能使科学启蒙教育实施的过程更加有针对性。

(一)利于科学启蒙教育活动有的放矢地开展

科学启蒙教育的开展过程涉及孩子、老师、家长三个主要因素,对这三类人开展科学启蒙教育的现状进行了解是整个立体化过程的前提。在科学启蒙教育开展的前期,通过对"科学启蒙教育与其他领域教育整合"、"STEAM 教育多学科整合研究"、"立体化教学模式"等方面相关文献的归类与分析,在 2017 年 2 月 21 日到 2017 年 3 月 20 日期间对南翔幼儿园小、中、大三个年龄段 531 名幼儿家长和本园教师进行问卷调查。问卷分别从教师、家长对科学启蒙教育的认识、科学启蒙教育的内容、科学启蒙教育的途径三方面进行调查,了解当前幼儿园科学启蒙教育现状。调查结果显示:

1. 教师和家长均对科学启蒙教育比较重视

通过本次调查,课题组发现我园教师和家长对科学启蒙教育都具有较好的意识。在内容选择上,都能从幼儿感兴趣的内容出发。这为实施科学启蒙教育立体化模式建构实践研究奠定了良好基础。

2. 幼儿园和家庭的科学启蒙教育途径各有侧重

幼儿园中教师偏重在个别化学习活动中开展科学启蒙教育,但对材料投放的科学性、适应性、可操作性上普遍存在困惑。绝大部分教师对科学专用活动室的研究不多,对家园合作的科学启蒙教育内容关注较少。

家庭中家长们较多选择通过亲子阅读科学绘本、科学小实验、小制作等开展科学启蒙教育。大部分家长都关注到了家园合作开展科学启蒙教育的重要性,提出了需要有效指导的需求。

3. 幼儿园和家庭实施科学启蒙教育内容同中有异

表1 教师、家庭在科学活动内容选择上的情况对比图

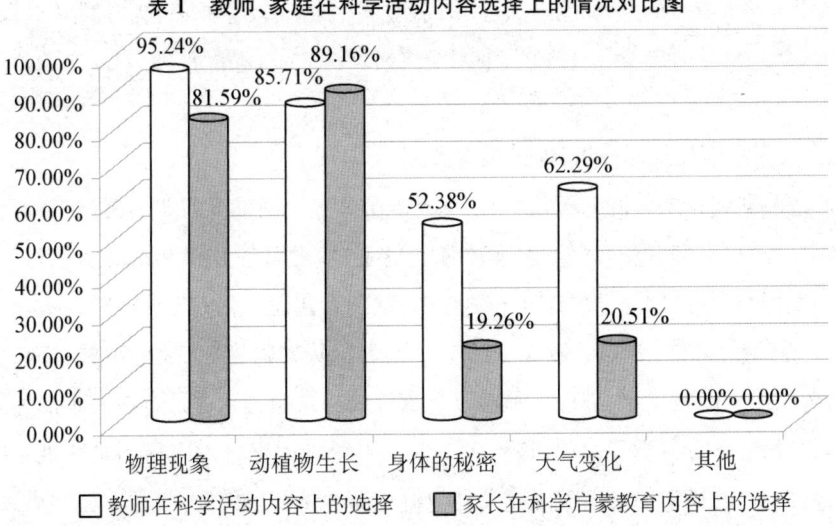

在科学启蒙教育内容的选择上,幼儿园和家庭中均涉及到动植物生长、物理现象、身体的秘密、天气变化等。物理现象和动植物生长的内容方面幼儿园和家庭选择的比例差别不大,但是身体的秘密和天气变化的内容方面家庭明显关注的比较少。

以上的调查对家长和教师的理念、科学启蒙教育中存在的困惑、开展的形式、开展的内容等方面进行了了解,对课程开展的方向、重点难点都有了先期的预判,有利于后期科学启蒙教育的有效开展。

(二)利于科学启蒙教育活动的高成效

幼儿园开展的一系列科学启蒙教育活动,通过教师、孩子、家长的不断学习、实践与探索,积累了丰富的幼儿科学启蒙教育实践经验,逐步形成本园科学教育的特色。通过创设支持的探究环境,帮助幼儿运用各种感官体验身边的科学,从而促进幼儿科学能力和科学素养的提高。通过广泛开发和利用课程资源,扩大幼儿的科学视野,引导幼儿亲身参与,帮助幼儿获得有益经验。南翔幼儿园的家长作为幼儿园科学启蒙教育强有力的参与者、支持者和合作者,一直参与到我园科学活动的过程中。经过大家共同的智慧碰撞、反思和不断推进,学校的科学启蒙教育活动开展得卓有成效。

二、你我同行,相伴相随

幼儿科学启蒙教育活动的链式互动,需要我们达成教育共识,提升科学启蒙的专业能力,全方位开展启蒙教育活动,采用灵活多样的方式,深度推进。

(一)周密细致前期分析,促进教育共识

通过前期调查结果的分析,我们将提高教师和家庭对幼儿科学启蒙教育的重视程度,增强教师和家庭对幼儿科学启蒙教育的自主性,融合幼儿园和家庭实施科学启蒙教育的途径和内容,以此立体建构科学常识,帮助幼儿建立相对完整的科学概念。

1. 提升教师在科学启蒙教育中的专业能力。从教师在"个别化投放材料存在困难"的选项中可以看出,大部分教师对于自己投放的材料是否合适存在一定的困惑,说明教师对孩子已有科学经验的把握、活动中孩子经验的提升等方面不是特别了解,这样"没有把握"的科学活动的实施效果是值得重新考量的。因此,教师在科学启蒙教育

活动中的专业能力迫切需要加强。

2. 全方位重整幼儿园的科学启蒙教育实施活动。全方位重整幼儿园的科学启蒙教育实施活动的依据主要从调查数据和结果中得出：第一，幼儿园和家庭开展科学启蒙教育的内容相对来说都比较单一。第二，幼儿园忽视家庭开展科学启蒙教育的重要性，而家庭又迫切需要学校给予一定的指导，这使得二者的"相互配合"形成明显反差。第三，家园合作还忽视了社区及周边环境对科学启蒙教育最大的作用。第四，虽然幼儿园有各项实施科学启蒙教育的内容、方法和途径，但是具体实施效果与丰富性都有待反思与提高。因此，幼儿园全方位统整对科学启蒙教育的各项内容和环节至关重要。通过现状分析，对科学启蒙教育立体化内容、立体化方法、立体化途径、立体化管理、立体化评价开展深入研究，帮助教师拓展科学启蒙教育的方法策略，从而有效激发幼儿对科学活动的兴趣。

3. 重视家长资源的开发，做到资源互补。家长资源是幼儿园教学的重要资源之一。幼儿园应重视家长资源的开发与利用，主动沟通，取得家长的支持；循序渐进，引导家长积极参与；资源互补，发挥家长的独特优势。

调动家长参与科学启蒙教育活动的积极性。家长来自各行各业，有着不同的知识与职业背景，是一份丰厚、宝贵的教育资源，补充了幼儿园教育某些方面资源的空缺，可以为幼儿园提供丰富的知识信息来源。家长具有自身的教育优势，他们了解孩子的成长过程和孩子在家庭中的情况，他们对孩子的影响最直接，在幼儿身心发展中的作用极为重要。因此，幼儿园可以通过多种形式对家长进行培训，同时给予更多的机会让家长参与到幼儿的科学启蒙教育中来，使幼儿园开展的科学启蒙教育活动更加丰富。

提高家长在科学启蒙教育中的指导能力。家长有较强的重视幼儿科学启蒙教育的意识，也有开展科学启蒙教育的经验。但是，家长还是普遍觉得需要学校的专业培训，可能源于家长在指导幼儿过程中遇到的各种困难。因此，想要提高幼儿科学启蒙教育的效果，在与家长接触与培训的过程中更要侧重于家长指导幼儿的具体方法。这样才能做好幼儿园教育与家庭教育间的链接，携手共同促进幼儿科学能力的提高。

促进社区资源在科学启蒙教育中的运用。《幼儿园教育指导纲要（试行）》在科学领域方面强调："科学教育应密切联系幼儿的生活实际进行，利用身边的事物与现象作为科学探索的对象。"幼儿的科学是生活中的科学，如何选择和利用有价值的社区资源是在幼儿科学启蒙教育生活化的基础上提出来的。因此在实施过程中要探索社区资源与幼儿园生活的相互协调关系,挖掘和运用适合幼儿园科学教育的各种社区资源,包括人力资源(社区员工职业资源)、物力资源(菜场、商店、蔬菜种植基地、自来水厂等)、自然资源(农作物、水果园、自然环境)等。这样不仅可以获得生动的科学教育材料与内容,而且可以弥补幼儿园科学设备与资料的不足,还可以使幼儿在社会大环境中亲自感受体验,获得广泛的感性经验。

(二) 制定有方向的实施过程

科学启蒙教育要想顺利实施,必须有准确的方向作为整个实施过程的引导。在科学启蒙教育的过程中,我们需要科学合理的实施规划,如制定方案的目标、实施步骤、具体措施等,使实施的步骤有具体可循的操作指引,这样才能使整个实施过程不至于偏颇。

(三) 运用班级试点的方式

在具体实施过程中为了试验方案是否合理,以及先期发现方案中存在的问题,可以先在不同年龄段的各个班级进行试点,发现问题及时记录与整理,通过不断的反思将方案完善。

(四) 对已有效果深度推进

总结梳理出的效果需要在校园内外进行深度的推进。比如先在整个年龄段进行实施。初见成效之后可以在整个幼儿园或者别的幼儿园进行试点,推进和深化整体的效果。

(五) 回顾反思,总结交流

活动中出现的问题需要不断的反思和总结,可以通过小教研、大教研等多种形式总结各个班级和年龄段的经验,不断完善活动方案。

三、小试牛刀,一展身手

科学启蒙教育的实施过程犹如钢铁索桥上的每一个环,只有做到环环相扣,才能在幼儿习得科学经验的开启阶段,为他们将来那棵枝繁叶茂的经验树提供可持续发展的根基。通过链式互动,幼儿的科学启蒙教育过程开展得有根有据、有条有理,这样才能在对幼儿、教师、家长整体了解的基础上激发更浓厚的参与兴趣,推进各个主体主动探索的欲望,坚定研究信心和努力方向。

第三节 立体延伸,邀请你亲自体验

发展幼儿的科学探究能力不是靠一个科学教育活动就能实现的。孩子的兴趣也不是随着集体教学活动结束就戛然而止,而是需要后续的满足。因此,幼儿园的科学教育活动需要有益的延伸和补充,才能促进幼儿多方位的发展。

一、让延伸追随生活

科学启蒙教育活动的立体延伸是指循着园内教育主题深化的脉络,继续向园外时空延伸,让课程去追随幼儿的生活,使科学教育流程或明或隐地贯穿于幼儿园内外的所有生活领域。

科学启蒙教育活动立体延伸的意义主要有以下三点:

其一,借助活动后延伸能够把课程带出课堂。被誉为法国教育学"经典作家"的埃米尔·涂尔干曾在他的《道德教育》中说道:"我们不能僵硬地把教育的范围局限于教室中的课时,它不是某时某刻的事情,而是每时每刻的事情。"科学课程的实施不能只限定在园内时间和空间范围。借助活动后延伸,课程就能走出幼儿园,融入幼儿的全部生活,全天候、全方位地对幼儿施加积极的影响。

其二,活动后延伸是建构园内生活和园外生活之间良性生态关系的"套环",是促进园内外生活和谐一体的"催化剂"。反思传统科学课程,曾经导致幼儿活动前后、园内外生活的肢解、割裂、对立和倒置。由于园内外"两种生活"的背反、失衡,直接导致了幼儿整体知识体系的失衡。

其三,借助活动后延伸,旨在为幼儿营造"实践操作"的平台,使之由园内生活走进他们的现实生活,使幼儿活动中所学、所得、所感、所悟,真正转变为活动外所用、所做、所行、所为,使科学活动中已内化的探究精神、探究行为和解决问题的意识和能力等,能够在园外生活世界中得以践履和彰显。

二、让彼此共同成长

通过立体延伸,引领家长亲身经验体验科学探索,让家长乐于其中,认同幼儿的科学活动,以亲子活动作为科学延伸的内容。这样家长、孩子、教师形成一体,共同参与到活动中来,在活动中共同成长。

(一)通过各种活动引领家长亲身经历科学探究活动

科学学习要以探究为核心,探究既是科学学习的目标,又是科学学习的方式。但这一点未必每个家长都了解。因此,要让家长参与到幼儿园科学教学延伸活动中来,还要让家长了解孩子学习科学的方法。只有家长也经历了探究的过程,才能在参与活动中发挥其应有的作用。

(二)通过设计使家长乐意参与幼儿园科学教学延伸活动

其实家长与孩子一起从事轻松而又愉快的学习活动,一方面孩子学到了许多,另一方面又拉近了亲子关系,是一举两得的。关键是家长要认同这些学习活动,可能教师设计科学教学延伸活动要考虑的不仅仅是如何完成教学任务,更多的是要考虑如何把这些教学延伸活动设计得"轻松而又愉快",使他们期待下一次的活动,以亲子活动为形式设计好科学教学延伸活动。

(三)通过评价使家长参与的幼儿园科学教学延伸活动得以良性循环

评价一方面是为了了解幼儿学习的过程与结果。另一方面由于家长已经参与了延伸活动,使评价的主体发生了变化。家长、孩子、教师都参与到评价中来,形成了互评的关系。从评价上不仅观察得到幼儿的表现,也能看出家长的作用。我们可以根据这些评价,给家长相应的表扬,以进一步激发家长对科学教学延伸活动的热情。

三、让探究无处不在

动手操作、亲身体验是开展科学启蒙教育活动的关键。从集体活动延伸到个别化学习活动、从集体活动延伸到家庭活动、从园内延伸到园外、从户外主题场馆延伸到家庭实验,科学启蒙教育活动实现了多方资源的整合。

(一) 集体教学活动到个别化学习活动的延伸

个别化学习活动是对科学集体活动的一种延伸,是幼儿自主探索的另一战场,也是对幼儿科学教育实施个别化指导的好机会。重视幼儿在个别化学习活动中的表现,使每一个幼儿在愉快、自由、合作的环境中进行区域化科学探索,是非常重要的。

1. 科学区角活动的生活性。在科学区角活动中,幼儿与环境对话、与操作材料对话,减少了教师直接指导的机会,但却真正让教师成为幼儿活动的支持者,让幼儿成为自己的主人。同时,可以扩大生活中的材料来源。比如,日常最普通的衣架都可以成为实验的宝贝。幼儿在玩衣架平衡时可以清楚地比较水果的轻重。可以看出,生活即教育,科学区角的材料要打破局限,发掘一切可利用的资源,真正做到生活化。

2. 科学区角活动的层次性。科学活动是幼儿在操作中将科学的核心概念转化为本体经验的过程。区角活动中,允许个体表现出速度、精确度上的差异,允许先操作完的幼儿尝试更深层次的探索。没有一视同仁,给孩子反思消化的空间更广。科学区角的层次性也突现在材料的提供上。例如,当一些孩子在比较沉浮的时候,教师提供的一些辅助材料又促使发展较快的孩子探索怎样让沉下去的东西浮起来。

3. 科学区角活动的针对性。科学区角活动中的材料对应不同的年龄段,同时,操作方法也因人而异。科学区角活动有其独特性,是幼儿园科学教育的重要一环,它可以弥补科学集体活动中的不足,又可以使幼儿更大程度地发挥自主探索的潜能,还能对幼儿进行更为具体的个别化教育。因此,针对幼儿的年龄特点投放材料显得尤为重要。

(二) 集体活动到家庭活动的延伸

亲子活动是一种以亲缘关系为基础,通过良好的亲子互动,实施亲情影响的有目的、有计划的教育活动。科学集体活动从学校延伸到家庭，为父母和孩子提供了共同游戏与学习的机会和条件，使父母获得恰当的先进的教育行为和教育观念，提高了家长的科学育儿水平，实现了幼儿学习、家长培训的指导思想，形成教师、家长与幼儿进行互动游戏学习的教学模式，这对孩子科学素养的形成和科学兴趣的培养是非常重要的。

1. 活动设计符合幼儿身心特点。在设计每个科学活动时，应考虑到幼儿的年龄特点、认知特点及心理发展特点，将科学活动课程生活化、游戏化。更多地去关注幼儿的情绪、情感体验，建立一种科学化、游戏化、亲情化和互动化的课程体系，在多元化平台上为幼儿的潜能开发和个性发展提供全方位的服务，促进幼儿全面素质的提高。让科学活动以其本身固有的情趣性和娱乐性，吸引家长和孩子们愉快地参与活动，减轻家长们的重重顾虑，使家长感受到孩子们是在玩中学到了本领。通过参与实实在在的活动，家长和老师配合会更加密切、协调，从而更有效地促进家园互动、相互交流。

2. 活动过程加强教师指导。虽然科学活动延伸到家庭中进行，但是无论对家长还是对幼儿，教师也需要给予帮助和指导。可以通过个别指导、评价式指导、归结式指导等方式将父母与孩子操作过程中的问题进行规范和调整，保证家庭延伸活动的有效开展。

3. 活动互动凸显家长主动。科学活动延伸到家庭中，家长既是活动的承载者又是活动的传递者。家长的重视、坚持及对孩子的理解、支持、鼓励与配合等良好的亲子教育氛围的形成，必将促进家长和孩子的共同成长。家长要做好孩子的合作者，激发和保护孩子的学习兴趣，多用鼓励的方式让孩子体验到成功的快乐，让孩子保持探究的热情。

（三）园内活动到园外活动的延伸

2016 年颁布的《全民科学素质行动计划纲要实施方案（2016—2020 年）》提出了"十三五"时期要重点"实施青少年科学素质行动"，要"大力开展校内外结合的科技教育活动。充分发挥非正规教育的促进作用。推动建立校内与校外、正规与非正规相结合的科技教育体系。"对幼儿园来说，园内活动和园外活动的融会贯通能够加快科学教育的进程，让孩子更快地全面发展，提高综合素质，培养孩子适应社会实践的综合能力。

(四) 户外拓展场馆的延伸

在开展科技教育方面,校外机构可以分成两类。一类是专门的青少年科技活动场所,如青少年科技馆、青少年科技活动指导站、少年科技活动站、青少年科技活动中心等,开设多领域、多学科的活动课程,组织开展科技展览、科技竞赛、创新大赛等。另一类是综合性的青少年科技活动场所。如少年宫、青少年宫、儿童活动中心、青少年活动中心等机构的科技部门,举办个别科技培训项目,如乐高、机器人、自然百科等。我们要充分利用社会资源,与高校科研机构、科技场馆、创新科技企业携手,贴近现实生活,关注科学前沿,组织老师和孩子到这些资源单位去参观,或者邀请科技行家到园内来指导。

(五) 家庭中的科学实验室

不仅在幼儿园,越来越多的家长开始重视对孩子科学兴趣的培养,家长们也主动尝试一些材料简单、过程有趣的小实验,把常见的科学原理、科学现象贯穿始终,让孩子在游戏中掌握奥秘,爱上科学实验。

孩子们家里有科学实验室了,我们定期让孩子们带着家长来幼儿园做实验,每学期开展科技游戏节,让孩子们和家长们大显身手,把家里好玩的科学实验搬入幼儿园,和所有小朋友们一起分享,让孩子们在好玩的科学实验中感受到自豪与成功的喜悦!

另外,当孩子们对某件事情非常有兴趣时,邀请家长和孩子一起回家试试,形成亲子科学实验项目,让幼儿有机会把自己的想法和家人分享,增加亲子时光。感兴趣的家庭尝试后,我们邀请有这方面特长的家长来园开展"家长进课堂"活动,讲述有趣的科学故事、做科学实验等,让幼儿的科学学习更立体和多样化。

比如,我们幼儿园开展的"小问号——南翔幼儿园第一届科技节活动"就尝试了很多的家庭科学小实验。

家庭科学小实验汇总

编号	班级	实 验 名 称	家庭	备注
1	中一	奇妙三色杯	黄＊＊	
2	中一	牛奶烟花	李＊＊	
3	中一	水中绽放的花朵	李＊＊	

编号	班级	实 验 名 称	家庭	备注
4	中一	让鸡蛋立起来	姚＊＊	
5	中二	电磁铁	陈＊＊	
6	中二	神奇的气压	陈＊＊	
7	中二	有神力的筷子	张＊＊	
8	中三	蜡烛为什么会熄灭	顾＊	
9	中三	纸片的神力	沈＊＊	
10	中三	油比水轻	赵＊＊	
11	中四	被吹起来的小气球	陈＊＊	
12	中四	让灯亮起来	许＊＊	
13	中四	泡腾片的秘密	朱＊＊	
14	中五	让乌鸦喝到水	宁＊＊	
15	中五	带电的气球	王＊＊	
16	中五	不沉的纸船	杨＊＊	
17	中五	香蕉也能当蜡烛	徐＊＊	
18	中六	火山喷发	闻＊＊	
19	中六	旋转的风车	曹＊＊	
20	中六	鸡蛋入瓶	匡＊＊	
21	中六	分辨熟鸡蛋和生鸡蛋	王＊＊	

实验名称	奇妙三色杯
参赛家庭	中一班　黄＊＊家庭
实验材料	蜂蜜、水、油、色素、螺母、提子、瓶盖、泡沫块等
实验过程	将三种液体原料分别倒入玻璃容器里(其中水中混合色素易辩识)。静置一会，观察液体的变化。将准备好的螺母、提子和瓶盖等分别放入容器中,看看会发生什么呢。
实验原理	不同物质的分层：密度越大的物质越重。所以密度大的物质会沉到密度小的物质下方。

实验名称	牛奶烟花
参赛家庭	中一班　李＊＊家庭
实验材料	盘子、牛奶、颜料、洗洁精、棉签
实验过程	第一步：在盘子里倒入牛奶 第二步：将不同颜色的颜料用水溶开，倒入牛奶中 第三步：用棉签沾取洗洁精，融碰牛奶中颜色的中心区域，观察现象，美丽的烟花就出现了
实验原理	牛奶密度略高于颜料，所以几种水质颜料加入后可以短暂漂浮在牛奶表面。加入洗洁精（表面活性剂），颜料表面张力迅速下降，并形成扩散效果。

由此，我们可以看出，幼儿科学经验的获得与运用，只靠幼儿园的力量是不够的，特别是将相关的经验延伸到实际生活中，还需要与家庭、社区以及社会资源的多方整合，帮助幼儿丰富经验。教师可以帮助幼儿通过实地考察、网上查询、交流互动等形式展开观察调研活动。

在立体延伸的过程中我们需要关注多方资源的整合度，教师实施家庭教育指导活动的预设度，家长和幼儿进行拓展性活动的参与度等。只有将这些有效因素全力整合，才能有效拓展幼儿在生活中丰富和运用科学经验的途径。

第四节　涟漪效应，激起无限想象

"涟漪效应"由美国心理学家杰考白·库宁提出，描述的是往平静的湖水里扔一块石头，泛起的水纹会逐渐波及到较远的地方。德国哲学家雅思贝尔斯也有过类似的描述，"教育就是一棵树摇动一棵树，一朵云推动一朵云，一个灵魂唤醒一个灵魂"。基于这样的理念，"涟漪效应"在幼儿园科学启蒙教育中是指基于幼儿感兴趣的科学内容，层层助推他们对科学知识的感知与体验。

一、随波扩散的涟漪

"涟漪",不能单纯地理解为一种静态现象,因为水的波纹联动往往是一系列连续并动态的反应。此观点是由美国教育心理学家杰考白·库宁提出的,将其命名为"涟漪效应",即指若干个相关事物有套路的大联动和连锁反应。只要一个发生变化,其他都跟着发生连锁反应。就像往平静的湖水里扔进一块石头,形成的涟漪会逐渐波及很远的地方,亦称连锁效应或者多米诺效应。

今天的幼儿是未来世界建设的主力军,面向高速发展的新时代,幼儿科学启蒙教育越来越受重视。对幼儿进行科学教育,就要引导幼儿从小了解科学的概念、科学的技能以及科学的价值,并了解社会与科学的关系以及周围环境相互作用的结果。因此,在幼儿园里,教师应根据幼儿的生理和心理特点,以基本科学知识和思维方法教育幼儿,激发其探索欲望和主动求学的兴趣,引导幼儿热爱科学、理解科学并运用科学方法创造性地解决问题,促进其智力和个性的全面发展。

(一) 由知识到技能

对幼儿来说,科学活动是快乐、生动、丰富的活动。它既能激发幼儿参与活动的兴趣、好奇心和探索精神,又能促进幼儿的动手动脑能力。例如,大班上学期的幼儿已具备了某些物体(如石头、雪花片等)在水中沉浮的经验,如果活动设计仅仅停留在让幼儿了解、观察各种物体在水中的沉浮现象,幼儿的探索兴趣不易深入。而让幼儿带着任务探索,如怎样使浮的东西沉下去,使沉的东西浮上来,可以提高幼儿探索的积极性,也有利于幼儿思维能力的发展。大班幼儿思维的直觉行动性逐渐减少,思维的具体形象性发展较好。活动设计既要为幼儿提供边操作边思考的机会,又要注重培养思考的有意性,培养幼儿先预测(思考)再操作。操作后让幼儿多讲述、讨论,促进形象思维的发展。在活动中孩子不仅感知了物体在水中沉浮的现象,学会用简单的图标记录结果,还能按照老师的要求有序地完成实验,在与同伴沟通交流与合作的过程中探索调节沉浮的方法。

(二) 由生活到体验

幼儿科学启蒙教育是幼儿认识周围世界,获得知识、经验的重要途径。它可以扩大幼儿的眼界,使幼儿获得早期科学经验的积累。比如,我们幼儿园对幼儿科学教育活动进行了以下几方面探索:人体和健康、动植物、环境教育、自然科学现象等。幼儿受年龄特点的限制,不能理解深奥的科学原理,对科学的概念也只是模糊的。因此,我们应结合幼儿的年龄特点让幼儿多去体验。例如,在"空气"的科学探索活动中,教师为孩子们准备了塑料袋、气球、空瓶子等材料,引导幼儿用塑料袋装空气,捏紧袋口,用摸一摸、压一压的方法感觉袋子中空气的存在。对着脸放开吹满气的气球口,感觉气流的冲击力。这样孩子由对生活中感受不明显的空气的经验转化为对空气的深刻体验,孩子就明白了空气的存在及各种作用。

(三)由记忆到忘却

涟漪在逐渐扩散中也会渐渐消亡,这是无法避免的。科学活动的"涟漪效应"所呈现出的慢速衰退的趋势,并非表示科学活动失去了生命力,更不表示活动对孩子的影响走向终止,而是表明孩子收获的知识、能力、体验,已远远超越课程能给予的。课程的学习"不仅是为了记忆,更是为了忘却",即学生在学习任何一个知识点的同时也是忘却这个知识点的过程。最终完成一个涟漪效应,水面归于平静。

二、"圆圈"是最完美的形状

在幼儿园科学活动中,"涟漪效应"以圆为中心,将幼儿的探究学习作为科学活动的立足点,为幼儿提供一段特殊的经历,开展过程应尊重幼儿的主体地位,采取丰富多样的活动形式,在实践操作中为幼儿助力。

(一)圆心以幼儿的探究学习为立足点

在幼儿园科学活动中,教师以提供材料、提问等方式,培养幼儿的问题意识和解决问题的能力,让幼儿养成积极动脑思考和表达的习惯,从而促进思维的发展。幼儿园科学教育活动的开展过程应以幼儿为主体、教师为主导,让幼儿通过动手操作材料进行科学探究。教师通过只提供材料、启发性提问、及时回馈和有效引导等"支架",将更多的时间和空间留给幼儿去进行探究和摸索,让幼儿在其中体验科学探究的乐趣。

（二）内环以丰富的活动形式为推进点

科学活动在开展过程中有各种各样的形式，一般有正规性的教学活动，即幼儿园主题下的科学活动等，也有非正规性偶发性的活动。正规性科学教育活动是一种有目的、有计划的活动形式，很容易被教师接受。而非正规性及偶发性科学教育活动则是一种较自由随意的活动，他们对发展幼儿的兴趣、爱好、个性有较为显著的作用。科学教育的这些形式是相辅相成的，既有各自特殊作用，又可相互补充、相互转换。另外，正规性科学活动的内容可以延伸到非正规性科学活动中继续探索。如在开展"沉与浮"的科学活动中，在集体教学活动之后，还可以把"沉与浮"的现象延伸到非正规性活动中（即个别化学习活动）继续探索。教师为幼儿提供了更多的材料，引导幼儿探索出更多让浮的物体沉下去、让沉的物体浮上来的方法。教师把正规性科学教育活动和非正规性科学教育活动有机结合起来，幼儿的探索兴趣能更加持久，也更深刻地去理解"沉和浮"。教师必须将这些科学教育形式有机地结合、灵活地开展，才能取得科学教育的最佳效果。

（三）外环以深入的实践研究为助推器

幼儿园开展科学启蒙教育活动，是全面提高幼儿素质的重要载体，也是促进教师专业成长的有效途径。在科学启蒙教育活动中，教师更懂得了关注和观察；在科学探究中，教师更懂得了支持与帮助；在科学操作中，教师更懂得了适当等待；在科学活动中，教师更懂得了与孩子交融；在科学进步中，教师更懂得了与时俱进。总之，教师在反复实践—反思—调整—跟进的不断探索过程中，经历了自我对话，了解了儿童的现实需要和增加了教学经验，在不断发现问题、解决问题的过程中实现了成长。

科学启蒙教育的整个立体化过程需要热情，更需要理性；需要勇气，更需要智慧。实践证明，零敲碎打的课程实施不能使幼儿获得整体的关于科学的经验。科学启蒙教育需要"自上而下"的整体规划，也需要"自下而上"的实践创新。科学启蒙课程实施过程不仅是对微观领域的统筹，也是与更大的外界系统交互作用的界面，是课程由外部向内部、由宏观向微观、由理念构建向实践创新转换的关键所在。

第 五 章

千人一面与个性飞扬

《幼儿园教育指导纲要(试行)》中指出:"教育评价是幼儿园教育工作的重要组成部分,是了解教育的适宜性、有效性,调整和改进工作,促进每一个幼儿发展,提高教育质量的必要手段。"《上海学前教育课程指南》也提到:"幼儿园课程评价是幼儿园课程设计、开发和实施中的重要环节,它贯穿于课程发展的全过程。"评价具有鉴定、诊断、改进、导向等作用,通过评价可以更好地了解幼儿、教材和教师的现有发展状态从而有针对性地提出未来发展方向以期达到更好的发展状态。因此,科学启蒙教育的立体化评价自然是必不可少且至关重要的。

立体化评价即打破追求标准答案的静态评价模式,倡导动态的多层次评价模式,主张采取多样的评价方式和手段,集目标价值取向、过程价值取向和主体价值取向于一体,统筹内部评价和结果评价,贯穿形成性评价与总结性评价,并做到量化评价与质化评价相结合,特别强调既体现评价的共性,又不可忽视评价的个性。通过立体化评价,我们一方面能够亲眼见证立体化教学模式的成效,如幼儿知识经验的积累与发展、教师自身专业成长、教学模式大部分内容与环境完美交融等;另一方面还能及时发现立体化教学模式的不足,从而能够进一步完善立体化教学模式以紧跟时代潮流,满足社会快速发展对创新型人才的需求,看似已到达终点,实则是下一阶段的起点,如此螺旋式上升,贯穿立体化教学模式的全过程。立体化评价的构建主要包括评价主体多元化、评价标准多样化、评价方式丰富化、评价跨度全程化、评价结果应用化。科学启蒙教育的立体化评价同样需要多元的评价主体、多种的评价标准、多样的评价方式。我们主要通过众筹激活、积分助跑、赛事引趣、展示评价、成长纪实等角度阐述立体化科学启蒙教育教学模式的立体化评价。

第一节　众筹激活:唤醒沉睡的社会资源

美国著名心理学家布朗芬布伦纳创建的生态系统理论认为影响个体发展的生态

环境是由层层嵌套的、相互影响的同心圆结构组成的,并提出了五种生态系统,影响环境由小变大,其中与学前期儿童息息相关的两个系统是微观系统与中间系统。微观系统指的是学前期儿童生活的场所,与儿童关系最接近且影响最直接,它处于同心圆最里层,并且这个系统是不断动态发展的,如相比社区、幼儿园,家庭对于大部分婴儿来说就是最大的微观系统;中间系统是处在两个微观系统之间的事物,如随着婴儿的不断成长,活动范围不再仅仅局限于家庭,尤其是进入幼儿园以后,影响幼儿最大的微观系统从一个变两个,并且家庭和幼儿园这两个微观系统相互影响、相互联系,从而演化出对幼儿影响最大的中间系统——家庭与幼儿园。著名心理学家杰罗姆·布鲁纳的学习理论提出发现学习,他认为学生的心智发展虽然有些受环境的影响并去影响他的环境,但主要还是遵循学生自己特有的认识程序,他强调学生不是消极被动的知识接受者,而是积极主动的知识探究者,而教育工作者的任务就是要把知识转换成一种适应正在发展着的学生的形式。美国另一位著名心理学家霍华德·加德纳提出多元智能理论,他认为每个人都至少具备语言智力、逻辑数学智力、音乐智力、空间智力、身体运动智力、人际关系智力、内省智力和自然智力这八种智力,且每种智力都有不同的表现形式,并且不存在单纯的某种智力和达到目标的唯一方法,每个人都会用自己的方式来发觉各自的大脑资源,这种为达到目的所发挥的各种个人才智才是真正的智力,造就了人与人之间的不同,也就是说,我们很难找到一种适合于所有人的统一评价标准,因此,众筹式评价成为当今评价发展与改革的趋势之一。

综上所述,布朗芬布伦纳给我们的启发是幼儿的发展是受周围环境影响的,布鲁纳从另一个角度告诉我们幼儿发展还要关注幼儿的发言权,加德纳则提醒我们每个人都是特殊的存在,切忌用同一把尺子衡量所有人。因此,科学启蒙教育教学模式的立体化评价要求我们不仅要关注影响幼儿发展的环境中的评价主体——家长、教师、同伴、社会等,而且要重视幼儿自身的评价,还要避免评价标准单一化。

一、转变,触摸时代的视角诉求

众筹,是大众筹资、群众筹资的意思,是指一种向群众募资,以支持发起的个人或组织的行为,具有低门槛、多样性、依靠大众力量、注重创意的特征,如"用众筹激活社会闲置资源"、"众筹激活红色基因"、"用众筹激活社会扶贫新模式"、"众筹激活社会巨额沉睡资本"等表述都很直观地表现了众筹的含义。

众筹式评价强调的是集体的力量与智慧,即使集体中每一份子的力量很微弱,团结起来的力量一样不容小觑。它最初使用于金融行业,然后慢慢延伸至其他行业和领域,在日新月异、社会飞速发展的今天,众筹式评价延伸到教育界是指社会、学校、家庭、儿童全员参与以支持全人发展。

因此,科学启蒙教育教学模式的立体化评价过程中,众筹式评价即社会、学校、家庭、儿童一起参与评价过程,体现评价主体的多元化和评价标准的多样化,对幼儿、教师和教学模式都有着重要意义。

(一) 众筹式评价——激活幼儿探究的主动性

以往的教学评价中,评价人员的关系一般都是教师是评价者,幼儿是评价对象,且评价活动基本是由教师发起——什么时候评价、为什么评、评什么、怎么评,幼儿只是被动地听取教师的安排,参与评价的积极性不高,发挥主观能动性的空间较小,并且评价的激励作用也没有得到充分发挥。但是,一旦幼儿自己发起评价活动,成为评价者之一,既可以评价自己和同伴,还能评价老师时,他们能够明显地感觉到被老师尊重和关心的快乐,从而有利于思维发散和奇思妙想的迸发。面对同伴、老师敢于大胆表达自己的想法,能够直面自己找出自己的长处与短板,坦然接受同伴与老师对自己的客观评价,充分发挥幼儿积极主动性,也是对幼儿为本的教育理念的一种坚持。

基于此,在立体化科学启蒙教育教学模式中,首先,我们让幼儿自身成为评价者,幼儿既可以对自身的探究、发现行为进行自评,又可以对同伴、老师的发现探究行为进行评价,充分发挥评价小主人的主观能动性,从而能够有效增强幼儿在科学探究过程中的兴趣和专注度;其次,家长、社会人员参与评价,会使得幼儿更加重视自己的发现和探究行为所产生的结果,从而激发出一种自豪感与成就感。

(二) 众筹式评价——转变教师传统的评价观

传统的教学评价多以教师为主导,而教师的评价标准往往不可避免地带有主观性,如尽管《3—6岁儿童学习与发展指南》里明文规定不能用自己的审美标准去评价幼儿,然而美术活动实际操作中教师对幼儿作品的评价标准大多依然是是否整洁美观、是否像某事物,而忽略通过幼儿作品表象反映出的幼儿内心世界和幼儿特殊的表达情绪情感的方式。这一方面容易打击幼儿的积极主动性,另一方面会导致教师沉浸在自己的审美里,畏缩不前。但是如果及时听取幼儿心声、听取其他老师和领导还有幼儿家长的评价,多方位听取评价能够帮助教师更全面地反思教学,更清晰地认识到自己教学方面的优势与不足,从而才能更专业地改进教学,提升教学水平,促进自身专业发展。

在立体化科学启蒙教育教学模式中,教师需要改变自身的评价观,更多地将评价主动权交予幼儿、交予家长、交予社会人员,全方位听取各方意见,及时调整自身的教学模式,让立体化科学启蒙教育服务于幼儿,着眼于幼儿的全面和谐发展,从而最终提升自身专业发展水平。

(三) 众筹式评价——彰显模式的魅力美

教学评价的阶段性终点就是改进教学模式,而教学模式改进的最终目的应是促进幼儿向创新型人才方向发展。传统教学评价中教学模式改进的意见多来源于专家学者、学校领导和教师,缺乏教学直接面对的对象——幼儿的声音,缺乏最了解每位幼儿个性的家长的声音,从而导致教学模式的改进失去了根基,没有根基教学模式的改进之路会摇摇晃晃不稳定。只有充分听取专家学者、领导、教师、家长和幼儿的评价,才能使得改进意见既具有科学性、专业性,又具有可操作性、可行性。

在立体化科学启蒙教育教学模式中,我们既需要听取来自专业人士的专业意见,更重要的是要走向"基层",了解"基层"的各种发声,从根部将整个立体化科学启蒙教育的教学模式激活,从而真正服务于幼儿,真正有益于幼儿终身发展。

二、合作,彰显"大拇指"的魅力

众筹式评价中的"众"包括幼儿、同伴、教师、家长、社会(专家学者、时代潮流等),一改以往以教师为核心的评价主体,并且拒绝以同一标准评价,注重幼儿的可持续性发展、全方面的培养。

(一) 幼儿自评化身小主人

美国心理学家罗杰斯1951年提出自我概念的理论,自我概念指的是一个人对自身存在的体验,它包括一个人通过经验、反省和他人的反馈,逐步加深对自身的了解。

自我概念对一个人的行为表现具有重要意义,他使学生表现出不同程度的自信,对自己满怀信心的学生通过勇敢迎接挑战而保持自尊,高驱低避——不论前方有多少困难险阻,依然义无反顾、奋勇向前;相反,对自己失去信心的学生会因感到无力取胜而愈发自卑,低趋低避——即使前方康庄大道、一路平坦,依然止步不前、坐以待毙。因此,如何通过幼儿自我评价帮助幼儿形成积极的自我概念变得尤为重要。

在幼儿自评过程中,教师应引导幼儿学会反思自己的游戏、学习过程,找到自己的亮点与不足,大力肯定优点,努力克服不足,勇敢说出"我能行",教师要尊重幼儿的审美标准,培养幼儿自我控制能力,提高其自主学习能力。

(二) 同伴互评触碰小火花

我国古代教育学家孔子说"独学而无友,孤陋则寡闻",古罗马教育家昆体良学派也认为"学生从互教中受益",因此,同伴间的互评对于幼儿发展和教学模式的改进有不可忽视的作用。

同伴之间互相评价,一方面评价者根据评价标准发挥主观能动性,积极主动地对某位幼儿的行为表现进行评价,重点提出优点和可以改进的地方;另一方面被评价者根据同伴的建议确定自己的改进方向。为了使幼儿互评有质量、真正体现互评的价值,教师应积极鼓励幼儿间互相沟通、互相信任,公平公正地对待每一位朋友,让幼儿意识到同伴合作的力量及友好和谐的氛围在游戏、学习过程中的重要性。在互评开始阶段,幼儿如果怯于或羞于表达自己的想法,可以通过设立悄悄屋来帮助幼儿慢慢过渡。在悄悄屋里幼儿可以任选一位朋友通过写写画画的方式进行评价,评价完以后可以请他评价的那位朋友去看。这样既可以充分发挥幼儿的自主性,又能在初期保护幼儿脆弱的自尊心。

(三) 教师评价给予引路灯

教师的职业身份和专业知识,使他们在幼儿心中具有权威性和影响力。教师说的话会被幼儿当成不可抗拒的命令,教师一个认可的微笑、一个赞美的手势、一个关爱的拥抱都可以使幼儿获得满满的成就感和自信心。而且教师是幼儿在幼儿园里除同伴外相处最密切的朋友,与同伴相比教师具有更加敏锐的观察力与判断力,能仔细观察了解幼儿的游戏、学习情况并及时予以引导。因此,不论是幼儿自评还是幼儿互评,都需要与教师的评价结合起来,教师需要将评价标准以幼儿能够理解的方式更直观地呈现出来,以帮助幼儿在自评与互评的过程中依据评价标准进行自主性表达。《3—6 岁儿童学习与发展指南》中强调教师要"支持和引导每个幼儿在原有水平向更高水平发展,按照自身的速度和方式达到《指南》所呈现的发展'阶梯',切忌用一把'尺子'衡量所有幼儿",因此,教师需要根据幼儿的不同发展水平制定阶梯式的评价标准。

(四)家长评价发现个性美

《幼儿园工作规程》中指出"幼儿园应当认真分析、吸收家长对幼儿园教育和管理工作的意见和建议",家园合作,共同担负促进幼儿发展的任务,再加上家长与幼儿特殊关系,家长的评价作用不可低估。

幼儿不仅渴望得到教师的肯定,同样渴望得到家长的肯定。家长的每一次大拇指点赞,每一句"你就是你""你在我心里最棒"等等都是对幼儿的认可、鼓励和支持。家长可以通过家园联系栏、家长公开课、班级微信群、家庭作业、亲子活动等参与评价过程,一方面家长积极乐观的评价能够帮助幼儿增强自信心,保持高涨的学习热情,而且能够更直接地、更全面地发现自己的长板短板,进一步明确自己努力改进的方向;另一方面家长通过参与评价过程,能够更加充分、及时地了解孩子在园游戏、学习情况,从而更加有针对性地去督促、引导孩子朝努力方向前进。这样做既有利于保持融洽的亲子关系,又能促进和谐共赢的家园合作关系的建立和维持。

(五)社会评价提升新高度

时代的发展对人才的发展提出新要求,幼儿园教育作为基础教育的重要组成部分之一,是我国学前教育和终身教育的奠基阶段,那么围绕"为谁培养人、培养什么样的人、怎么培养人"这个核心问题,教师和幼儿需要共同迎接来自于社会的评价,幼儿的科学启蒙教育中教育的内容是不是与幼儿的生活实际相联系、教育的方法能否符合幼儿的认知水平、教育的形式是否足够凸显科学的特色、教育的成果是否对幼儿的科学探索能力有提升等等都可以成为社会评价的焦点。

例如我们一年一度的亲子科技节中亲子共同制作的作品就是通过微信公众号消息推送邀请社会人员参与到作品的评价当中来,每件作品从设计思路、设计过程、成品展示都公之于众,以一颗赤子之心接收来自于广大社会人员的评价,最后大众投票选出的最有创意、最具实力、最能激发幼儿探索欲望、最能维持幼儿探索兴趣的作品将投放到我们的智趣园中以共享给更多的幼儿来欣赏科学、爱上科学。

第二节　积分助跑：为更好的自己出发

科学的本质，简单地说就是我们对世界的认识，幼儿拥有极其强大的对世界的探索精神和探索热情，他们好奇身边所发生的一切，急切地想要认识这个世界。正如杜威所说，儿童有调查和探究的本能，探索是儿童的本能冲动，好奇、好问、好探究是儿童与生俱来的特点，也就是说幼儿对科学本身是感兴趣的，但是往往在实际探索中由于自身能力受限，加之注意力时间不够持久，一旦在探索中遇到困难很容易产生退却心理和受挫情绪。因此，如何维持幼儿在科学探索过程中的好奇心与探索欲望，如何让幼儿发现生活中更多有趣的科学现象，需要我们进行认真思考和研究。

积分映入视野首先是积分制评价，积分制管理是指把积分制度用于对人的管理，以积分来衡量人的自我价值，反映和考核人的综合表现，然后再把各种物质待遇、福利与积分挂钩，并向高分人群倾斜，从而达到激励人的主观能动性，充分调动人的积极性。近些年积分制开始走进幼儿园，如积分制在幼儿园教师管理工作中的运用提升了教师工作的主观能动性，无形中还促进了教师自身专业的发展。又如积分制在幼儿园家长工作中的运用，不仅有效地调动了家长参与班级工作的积极性，更重要的是实现家园共育目标，最终助力于孩子的成长。再如积分制在家庭教育中的运用，为了帮助孩子养成良好的生活习惯和学习习惯，家长们都在孩子的房间里贴上一张大表，制定相应的积分制管理标准，一旦孩子达到标准就会给予相应的积分。

综上所述，积分制评价即在日常生活一日流程各个环节适时运用积分来对教师、幼儿、家长以及社区工作等进行的评价，例如各类贴纸、奖状、印章的奖励等等。因此，将积分制评价与具有系统性的幼儿园科学启蒙教育立体化教学模式相结合，对于幼儿、教师、整个教学模式都意义深远。

一、为爱起跑，激起科学活力

积分映入视野首先是积分制评价，积分制评价可以细化幼儿的科学探究行为，使幼儿更加主动化，激发幼儿的积极性。积分制评价同样也能激发教师的工作热情，提高工作效率。幼儿在积分中获益并成长，也大大提高了教师的管理效率。我们的立体化科学启蒙教育要采用科学可视化的评价方法，对积分情况进行查看，从而有针对性地进行指导和干预。

(一) 积分"活"幼儿

我们在生活中可以发现每个幼儿的内心都是渴望上进的，渴望自己的价值得到别人的认同。当幼儿表现优异时，用奖分肯定他的好习惯，既激励了孩子的上进心，又能培养良好的性格。这样做承认和肯定了幼儿的价值，幼儿会在心中给自己定一个目标，每实现一个小目标，他就会产生成就感与自豪感，这种成就感和自豪感带给他的是自我鼓励和自我欣赏，从而进一步激发他内心强烈的上进欲望和探索欲望。而当幼儿犯错时，用扣分传递给他信号，解决了孩子听到家长讲大道理时的逆反心理，让他更懂得沟通与责任。如果幼儿在孩童时期就养成了好习惯，将一生受益，久而久之就会习惯成自然。因此，在立体化科学启蒙教育中用积分制度来细化幼儿的科学探究行为，幼儿能够在不断积累分数的过程中发现自己的兴趣和前进的目标，通过积分兑换奖品不仅给予幼儿物质上的奖励，更是精神上的鼓励，从而能够使得幼儿的发现、探索行为更加主动化。

(二) 积分"活"教师

积分制评价不仅能激发幼儿的积极性，同样，也能激发教师的工作热情，提高工作效率。幼儿在积分中获益并成长，教师也在积分制评价中发现提高管理效率的好方法。教师只需要将科学启蒙教育中幼儿需要掌握的核心经验作为幼儿积分标准，然后根据积分标准采取教师评价、幼儿自评、同伴互评、家长或专家评价等方式对幼儿的科学探究行为进行奖分或扣分，并和幼儿讨论、约定好固定一段时间小结一次，根据小结的积分数兑换相应的奖品或者特权。积分制评价从物质和精神两方面给予幼儿科学探究所带来的成就感，不仅可以发掘出一大批优秀的探究人才，更会带动整个班级科学探究的浓厚氛围。这就避免了教师在管理中出现奖罚不一的现象，并且幼儿对于各项积分标准也很清楚。因此，在进行小结时幼儿完全可以自主进行，最终教师进行录入核对即可，也大大提高了教师管理的效率。

(三) 积分"活"模式

积分制评价原理简单,但对于园级层面来说又成为非常复杂的管理工作。不过比较幸运的是现在开发了"积分制评价软件",使复杂的工作变得十分简单:一部分固定积分由软件根据时间自动生成,同时日常的大量奖分、扣分录入电脑后,软件自动分类、自动分部门、自动分阶段、自动汇总、自动排位。因此,紧跟时代步伐以后,立体化科学启蒙教育模式的评价也就更加可视化,教师或者管理者只需要登录"积分制管理软件"就可以对整个班级或者整个年级的幼儿积分情况进行查看,从而有针对性地进行指导和干预。

二、为爱助跑,烙印探索轨迹

在班级管理中,教师喜欢用小贴纸对幼儿各方面的能力发展进行奖励,以此激励幼儿朝着更好的方向发展。其实,这就是一种积分制度,而我们在立体化科学启蒙教育教学模式中,对教师常用的奖励方式进行优化,从最初的积分细则的制定到最终的奖品机制都有幼儿、教师、家长、专家的全程参与研讨,实行动态化评价。

(一) 积分榜走发展步伐

立体化科学启蒙教育教学模式中积分制度的运用更多地是在班级范围内,教师根据班级具体情况,如已有的软硬件设施、幼儿的整体水平、幼儿的已有经验等,对幼儿、教师、家长和专家等参与研讨并最终制定的积分细则进行灵活调整。需要注意的是3—6岁幼儿发展具有不稳定性和广泛性的特点,积分细则在班级具体开展实施时,教师可以根据班级幼儿的动态发展状况提交修改意见,从而使得班级积分细则的制定更加符合班级幼儿的最近发展区。

值得注意的是,立体化科学启蒙教育教学模式中积分细则的制定不仅仅是考虑科学领域幼儿发展的核心经验,而且要综合各领域与科学领域产生关联,体现立体化特征。

(二) 小奖卡秀科学环保

立体化科学启蒙教育教学模式中,我们将黏性较低的小贴纸调整为有一定硬度的小奖卡,并在周期奖卡兑换奖品时对奖卡进行回收,这样做不仅可以提高奖卡的可重复利用率,而且避免了以往贴纸使用过程中造成的"污染"。教师可以在班级里准备一处让幼儿自主存放奖卡的固定位置,这样还能有效地避免因奖卡的遗失带来的资源浪费。

(三)大奖品激探索兴趣

教师可与幼儿共同讨论小奖卡兑换的周期或集齐小奖卡的数量,奖品的设置不仅要符合幼儿的年龄发展特点和兴趣点,更重要的是要对幼儿维持科学探索的兴趣,激发探索欲望有助推作用。

同时,小奖卡兑大奖品的活动,我们需要注意的是尽量要照顾到所有孩子,保护孩子的自尊心、满足成就感,重点关注幼儿的学习品质,可以选择每月进行一次奖卡兑现活动,幼儿将自己所得的奖卡都带给班级教师汇总,根据集到的相应数量的小奖卡来兑换相应的奖品,没有得到奖卡的幼儿还可以通过抽奖环节来获取奖品,保证一个都不能少。

第三节 赛事引趣:以趣味激发成长

《3—6岁儿童学习与发展指南》中指出"幼儿科学学习的核心是激发探究兴趣,体验探究过程,发展初步的探究能力。成人要善于发现和保护幼儿的好奇心,充分利用自然和实际生活机会,引导幼儿通过观察、比较、操作、实验等方法,学习发现问题、分析问题和解决问题;帮助幼儿不断积累经验,并运用于新的学习活动,形成受益终身的学习态度和能力"。好奇心是人的天性,求知是人的本能,好奇心和探究欲望是人类认识活动必不可少的主观前提,是探究和学习的原动力、内驱力,它不仅能提高认识活动的积极性和效果,而且能够使得认识活动成为快乐的事情。幼儿的认识活动更是受好奇心和探究欲望的直接驱使和控制,好奇心和探究欲望是使幼儿的认识活动得以维持和获得成功的首要前提。生活中无处不科学,如何将幼儿对身边科学的敏感度和兴趣激发出来,时刻拥有一双发现科学之美的眼睛?赛事性评价是利用类似实施比赛的形式进行评价的一种方式,赛事性评价过程实际上也是实施过程。

一、以趣激情,点燃幼儿生命

"比赛"这两个字对于每个人来说都不陌生,它可以是各行各业各种形式,各类比赛的目的就是要比较人们在某一领域的成就高低,并利用人们的争胜心理来促进这一领域人类能力的进步。赛事引趣这里是指通过设立各种比赛来引发幼儿发现、探索身边科学的兴趣。

提到比赛,有些人第一反应是会紧张、有危机感,也会有人显得亢奋、满满斗志。比赛的结果肯定会存在先后名次,但是如果只是浮于表面地来看待比赛,那么就将比赛的意义狭隘化了。其实比赛的真正意义是重在参与,而只要参与就会让你有脱颖而出的机会,得到许多表现自身能力的机会,比赛也如同当今社会的竞争一样激烈,需要我们有一定勇气的和毅力,无论输赢都会被赋予一种顽强和坚韧的气质,这种影响意义深远。因此,将赛事性评价与科学启蒙教育立体化评价相结合具有它独特的意义。

(一) 赛前准备提趣

既然是比赛,肯定就会存在竞争,而想要在竞争中占得一席之地就得在赛前做好充分准备,幼儿会努力将自己掌握到的、观察到的甚至还在探索中的科学小原理和盘托出,只求一个可以充分展现自己的机会。例如"小问号"科技节中科技小游戏的比拼就需要幼儿在前期做好充分的准备。首先想要在众多实力强劲的对手中脱颖而出,需要有自己的特色与创意,幼儿需要思考设计什么样的科技小游戏可以一下子吸引住同伴好奇的目光和跃跃欲试的小手,并且能够完美体现出自己想要表达的科学小原理;其次在决定了游戏内容以后就要选择合适的游戏材料,如材料的安全性、材料的环保性、材料的适宜性、材料的取材便捷性、材料的可重复利用性等;最后在选择了合适的材料以后幼儿需要自己先进行尝试,任何科学实验都是在不断的尝试中才取得成功的,因此,在科技小游戏展示前幼儿需要经过很多次的尝试以确保展示时的游戏效果。在这每一步准备中都需要幼儿专心投入,幼儿会思考过去遇见的但没有去求证的问题,并解决它,还要努力考虑各个方面的可能性,即所谓的全局思维,这就是幼儿对科学探究趣味越来越浓的体现。

（二）赛中展示展趣

并不是所有人都天生擅长站在舞台上侃侃而谈，向其他人展示自己最感兴趣、最有自信的一面，特别是缺乏比赛经验的幼儿，可能紧张得身体颤抖、说话结巴，发挥不出自己平时练习的最佳水准。因此，在比赛中幼儿想要展示自己的发现就需要逐步克服自己的胆怯心理，自信大方地参与到比赛中，让自己更优秀。涉及到比赛必然就会引出竞争与合作的关系这个共同话题，其实竞争与合作是辩证统一的关系，竞争中有合作，合作中有竞争，竞争与合作是统一的，是相互渗透、相辅相成的，没有合作的竞争是孤单的竞争，孤单的竞争是无力量的，合作是为了更好地竞争，因此，幼儿在比赛中需要与同伴进行合作，在合作中共同成长，共同分享科学探究的乐趣。

（三）赛后结果喜趣

比赛结束后，每一个人印象最深刻的都是评委对自己的评价以及比赛结果，幼儿同样不例外。人通常都是对别人严苛、对自己宽容，我们都很容易看到别人身上的问题，却很难看到自己的问题，当我们参加比赛时，每一个极小的失误都会无限放大，因此，如何面对评委赛后的点评与比赛结果是幼儿需要面临的重大考验。但是，科学启蒙立体化教学模式中科学赛事的评委却不是我们想象中严苛的评委，而是幼儿与同伴进行互评、教师与家长参评，并且我们始终倡导用一双发现科学之美的眼睛去看待同伴的科学小发现，在同伴和成人的鼓励下，幼儿起初因为比赛而引发的科学探究的兴趣得到升华，并在精神上得到从未有过的愉悦感与自豪感，逐渐地会将这种兴趣变成一种爱好，甚至一种习惯。

（四）家园配合保趣

由于幼儿本身能力水平的限制，加之教师在园一对一辅导的时间比较少，因此，赛前准备都需要家长与幼儿共同参与，这在很大程度上加大了家园沟通的深度与广度。教师和家长在就科学赛事相关事宜进行沟通时幼儿在场，幼儿会提高对科学赛事的关注度，即使在赛前准备中会遇到各种各样不可预测的问题都会想方设法寻求大人的帮助。在幼儿寻求帮助时，家长及时伸以援手，不仅可以维持住幼儿对于科学探究的兴趣，同时还是亲子共同进行科学探索的美好时光，家长在探索中表现出来的专心致志、一丝不苟的探索品质会无形中影响幼儿的探索行为和探索品质的形成。

二、以趣激励,温暖孩子灵魂

相对于积分在班级内的运用,赛事的设立更倾向于园级层面,也可以是作为幼儿平时科学探究活动的一个展示舞台。赛事性评价一般由方案制定、赛前准备、秩序维护以及总结反思组成。

首先,科学定制方案。赛事性方案应由幼儿与教师一同商讨各个项目并经过园领导与教师之间仔细推敲制定最终方案。其中方案制定前期也可适当地通过家长问卷形式,集合家长资源的各种力量来促使新方案的制定。

其次,做好赛前的准备工作。教师在赛事前要充分做好幼儿与家长以及社区的动员工作,尽量让参与比赛主体事先了解并积极做好赛前准备工作。

再次,做好赛前的秩序维护工作。比赛过程中做好维护赛事进行的各种工作,例如:安全、秩序维护以及比赛时所需的各种事项。

最后,做好赛后总结与反思。比赛活动结束后,教师组织幼儿讨论回顾比赛,做好赛后幼儿评价,适时发放比赛调查问卷,做好调查问卷的统计与分析工作,教师综合以上部分及时做好赛事活动的总结与反思,为下次类似活动的开展提供经验借鉴。

第四节　展示评价:吹开一朵七彩的蒲公英

幼儿教育是人生的启蒙教育,幼儿期更是良好的个性、社会性和情感性全面发展的阶段。《3—6岁儿童学习与发展指南》指出:"幼儿科学学习的核心是激发探究兴趣,体验探究过程,发展初步的探究能力。"幼儿有着强烈的好奇心和求知欲。正是通过科学探究,幼儿体验科学家们研究自然界所用的方法,经历探索未知和获取知识的过程,领悟科学的精神实质。同时,随着社会的进一步开放,多元文化态势的进一步发展,个体参与活动的积极性将越来越重要。

一、多元催化，让孩子自主探索

一件完成的作品反映了一个幼儿的兴趣、经历以及对个人和世界的看法。每一件幼儿作品都具有欣赏价值。展示性评价是以幼儿科学启蒙为目的，以幼儿科学探索的过程和结果为评价对象，教师与幼儿、幼儿与同伴、幼儿与家长共同参与的多维度多途径的透视性评价。

（一）放大探索行为

通过展示、共享作品，同伴间可以欣赏、学习。一定程度上放大了幼儿的探索行为，激励幼儿上进，形成良好的生生互动，为其他幼儿提供科学探索的思路；鼓励幼儿形成自己的独特风格，大胆创新，开拓思维；让实践说话，让幼儿在实践中学习、巩固、运用科学知识。幼儿在探索过程中，会有一些特别的探索行为，教师对这种行为上体现出的学习品质也应该视为一种"作品"，将其放大，进行评价，让幼儿获得满足。

（二）突出个体认同

展示性评价可以就某一作品进行探讨，对作品提出新的建议或指出其不足，让幼儿形成新的认知，在不同的作品中根据需要选择不同的技能效果。墙面互动是幼儿作品展示性评价中使用最普遍的方法。活动室、教室、走廊的墙面等都可以成为展示平台。不仅要展示具有创意的科学作品，而且要有意突出幼儿的闪光点。让大部分幼儿积极参与，让不同性格、不同能力的幼儿都得到展示和赞扬，让每个幼儿都体验到成功的喜悦，在群体中获得满足。

（三）激发探究潜能

知识和幼儿的日常生活关联程度越高时，幼儿接收知识的主动性程度就越高，学习的积极性就越高。展示性评价可以让幼儿共同关注，自觉地将作品与自己的学习经历联系起来，增强幼儿对学习内容的亲切感，产生科学探究的欲望。尤其是在以个别化学习形式进行的立体化科学启蒙教育中，我们会展示出幼儿成功的作品，吸引曾经失败或者是有过些许探索的幼儿再次进行学习。我们在亲子活动"科学小实验"中，邀请家长与幼儿共同设计、展示。在活动过程中如果把激励政策对幼儿创造性、自觉性等因素影响全都考虑进去,对幼儿潜在能力的影响力就更大了。幼儿如果受到充分激励的话,能力可以发挥到极致,收到意想不到的效果。

(四) 良好竞争机制

幼儿学习知识、技能的动力、兴趣和积极主动性成了激励学习的间接结果。科学的展示激励其实包含一种竞争精神,它的运行能够营造出良好的竞争环境,进而形成竞争机制。充分给予幼儿竞争性的学习环境,幼儿就会受到其所在环境的各种压力,压力会转变为幼儿努力学习的动力。使用点赞榜的形式,以多元化的点赞方式,让幼儿了解自己可以进步的地方。

(五) 获得认可尊重

心理学家告诉我们:"一个人只要体验一次成功的喜悦,便会激起无休止的追求意念和力量。"在立体化科学启蒙教育中也是一样,不断给幼儿创设成功的机会,让每个幼儿都能得到成功的体验,增强幼儿学习的自信心。在进行集体活动后,幼儿对延伸活动进行了探索,那么老师对幼儿的后续学习也应该作为"作品"来进行及时评价,让幼儿得到认可,获得尊重。

(六) 特别的宣传方式

一份好的作品就是幼儿学习成果的展示,是展现幼儿软实力的关键所在。因此,作品展示直接影响着对幼儿园的感性认识。在"安全用电周"教师结合幼儿的所学所思,打造了情景剧"小飞虫历险记",以幼儿喜欢的形式来展现。

立体化科学启蒙教育内容展示激励就是尊重幼儿自主成长需要,创设良好的学习环境,提供机会来展示自我,运用多方式、多层次引导幼儿积极参与活动,从而使他们逐步成为一个独立、自主的人,成为一个健康、全面发展的人,使之成为幼儿科学启蒙学习的催化剂。通过展示性评价,幼儿在科学启蒙教育中不断体验进步和成功,认识自我,建立自信,养成良好的学习习惯。教师也能获取有关的反馈信息,对科学活动的开展进行反思和适当的调整。促进教师不断提高教育教学水平,做好家园联系,改进教学管理,提高教学成效。展示性评价重在凸显幼儿的主体地位,强调幼儿是评价的主人,在科学活动的开展时为幼儿的发展服务。

二、多力助推，让孩子个性发展

不同的幼儿在展示激励中会表现出不同的评价标准，教师评价的角度要从终结性转向过程性、发展性，要更加关注幼儿的个别差异，也要注重评价手段的激励功能。

（一）多尊重幼儿

1. 尊重能力差异

幼儿能力是有差异的，不同的幼儿在注意、记忆、感知、观察、想象等一般能力以及科学探索表现出的作品也是不一样的。展示作品的成功，获得教师、同伴发自内心的叹服时，在心灵上获得满足感，其促进作用是不言而喻的。而当幼儿展示出现失误时，也要引导对他的表现进行中肯的评论：肯定方法上的可取之处、赞扬他的探究精神、鼓励继续努力，从而营造出和谐的氛围。有意识地将对幼儿展示激励的评价着眼点放在幼儿的未来，就会对幼儿产生有效的激励与反思作用，从而激发幼儿进行探索。

2. 尊重思维差异

心理学家加德纳认为：每个人都具有多种智慧，也就是说人人都具有某方面的智慧，但因幼儿的个性差异所显示出来的不一样而已。因而，他们在遇到展示某个作品时，分析后就会"各抒己见"。我们就要对幼儿的不同见解进行有针对性、激励性的评价，激活幼儿思维的广度和深度，对知识更能系统地把握，让幼儿得到成就感。

3. 尊重方式差异

幼儿的兴趣爱好是千差万别的，兴趣对于学习的重要意义是不言而喻的。幼儿在展现自我时，会选择自己喜欢的方式。教师应从多方面接触、了解幼儿，发挥教育应有的效能，认同幼儿展现自我的不同方式。在"安全用电周"孩子们用各自喜欢的方式来表现"用电安全"的内容。孩子们有的读、有的唱、有的画、有的演，用不同的方式展示着自己对"电"的认识。

（二）多途径展示作品

1. 环创式展示

"环创式展示"是环境创设式展示的简称，是指创设教室环境时将孩子们的作品展示在其中的展示方式。《3—6岁儿童学习与发展指南》建议：教师"和幼儿一起用图画、手工制品等装饰和美化环境"。我们可以结合环境创设,引导孩子用多种材料、多种方法和不同的表现手法,制作与环境相匹配的作品,然后呈现在教室的环境之中,让孩子看到是自己的创作成果美化了教室,从而获得成就感。

2. 情境式展示

"情境式展示"是指在作品展示区创设一个与本次活动创作主题相关的场景,让孩子们将作品自主地呈现于这个场景之中,形成一个具有一定故事情节、情境的展示方式。这样的展示方式使作品与场景融为一体,孩子们看到自己的作品出现于场景中,会因情境而激发幼儿探索兴趣。这不仅能让孩子们表达自己作品背后的想法,还能激发他们的浓厚兴趣,幼儿的科学素养得到了发展。这种方式更适合于展示孩子们的手工作品。

3. 注解式展示

注解式展示是指展示作品的同时呈现作品含义的展示方式。教师倾听孩子对自己作品含义的表达并帮其记录下来,将作品和作品记录一起呈现。教师及时倾听孩子的想法,领会并尊重孩子的创作意图,不以成人的标准判断作品。当幼儿讲述作品含义时,耐心倾听并给予积极回应和鼓励,这样的倾听态度能够给孩子以无形的激励,使他们不仅看到自己作品的价值,同时感受到教师对他们兴趣和独特感受的尊重,以后会进一步用自己的方式去感受、表现、创造美。

4. 演绎式展示

演绎式展示是指注重孩子的兴趣,通过情景剧、小品、儿歌等形式,为幼儿提供更广阔的展示舞台。表演可以充分发挥幼儿的积极性、主动性、创造性,既符合幼儿心理、生理的需要,又符合幼儿语言、动作发展规律的一种活动。表演不仅能激发内向幼儿的外向因子,而且是对内向儿童素质教育的重要组成部分。

5. 运动式展示

孩子天生好动,在运动中让孩子思考、学习。我们将科学小游戏与运动融合,通过"小水滴旅行记"、"蚕宝宝"、"磁铁吸吸乐"等情景设置,让孩子在运动中感受科学的魅力,激发幼儿探索的兴趣。

(三) 多阶段互动

教师在展示前进一步了解幼儿的探究意图、学习兴趣,了解幼儿需求,为幼儿提供适合的展示环境。在展示中促进幼儿反思、解释和交流,教师组织幼儿相互展示,分享自己与小组探索的过程和所获得的结果,既让幼儿相互交流讨论,也可让幼儿相互学习。展示后的分享环节,教师不仅要改变总结方式,还要把注重结果的评价转化为注重过程和结果的交流,使之成为幼儿再现探究的反思和解释的过程。

(四) 多家园互动

老师和幼儿家庭互相配合的活动,二者应相互沟通、互动。在物质和精神需要方面,除物质需要因家庭条件的不同而不能雷同满足外,精神方面的满足则完全可以平等实现。在幼儿园,对幼儿的激励也主要指精神层次方面的,也就是说,通过满足幼儿精神方面的需要来引导幼儿奋发向上。在语言上要常用激励的字句,切勿打击挖苦;在行为上要"拔高"幼儿的能力,切勿"小看人";在情感上要一视同仁,切勿亲疏远近。

三、情景演绎,让孩子自信成长

幼儿的科学学习的核心是激发幼儿的学习热情,激发幼儿探索的兴趣,并通过幼儿对探索过程的体验,帮助幼儿具有初步的探索能力。针对这样的情况,在制定鼓励幼儿探索的策略的过程中,要充分考虑到幼儿的自身特点,采取鼓励幼儿的学习方法,实施一系列的科学活动,例如通过艺术作品表现的展示方法让幼儿体验到科学的魅力,创造科学的探索氛围让幼儿去进行实际的操作等,最终通过展示激励让孩子更自信,有效地提升幼儿的探索能力。

 案例 5-3

小飞虫历险记("安全用电周"剧本)

一、人物:飞虫姐弟、老鼠夫妇、鹿医生、护士、四小蚂蚁

二、表演过程

【开场,演员一一亮相】

主持 在一个美丽的森林里,住着一群可爱的小动物。

【飞虫姐弟上】

主持 它们是大名鼎鼎的探险家:勇敢的飞虫先生和漂亮的飞虫姐姐。

【蚂蚁甲乙丙丁四兄弟】

主持　现在出场的是获得国际举重比赛大奖的大力士：蚂蚁四兄弟。

【老鼠夫妇上】

主持　紧跟着出场的是神出鬼没的小老鼠夫妇。

【小鹿医生和小鹿护士上】

主持　现在登台亮相的是亚洲神医：小鹿医生和小鹿护士。它们都是这个故事的主人公。这个故事啊，要从一对飞虫姐弟说起。

虫姐　小虫弟弟你看，今天的阳光多么灿烂，正是我们探险的好日子。

虫弟　是啊姐姐，今天就是我们大名鼎鼎的探险家小飞虫姐弟出发的好日子。

虫姐　飞虫弟弟。

虫弟　飞虫姐姐——

姐弟　我们出发！

齐唱　美丽阳光照大地，虫姐虫弟笑眯眯。

　　　　背上旅行包，穿上探险衣。

　　　　勇敢出发去探险，大自然里找奥秘。

　　　　大自然里找-奥-秘。

虫弟　姐姐你快看，森林里建起了一座美丽的新房子？

虫姐　哇，这座房子好漂亮！里面一定会有很多秘密？

虫弟　我太想进去看看房子里都有些什么。

虫姐　弟弟，我感觉里面有危险，我们还是先不要进去。

虫弟　姐姐，怕什么，我的探险欲望告诉我一定要进去。

虫姐　你先别急，让姐姐四周打探一下再进去。

虫弟　好吧。

【飞虫姐姐向屋子后面飞去，飞虫弟弟忍不住了。】

虫弟　女人嘛就是胆小，怕什么。姐，我先进去喽！

【门打开，飞虫弟弟飞进屋子。】

虫弟　咦，房子里面空空的，只有几个黑点在墙上排列着。这些黑点是做什么的呢？

【飞虫弟弟摁一下黑点，墙上亮起一盏金灿灿的灯。】

虫弟　哇，原来这些黑点有魔法，只要轻轻一点，就会亮出一道金光。让我再试试。

【飞虫弟弟又摁下一个黑点,墙上又亮起一盏灯。】

虫弟　哇,太奇妙啦! 姐姐你快来。

虫姐　弟弟,发生什么事啦?

虫弟　姐姐你看,这些黑点有奥秘,只要你摁一下,就会亮出一道光来。

【虫弟说着又打开一盏灯。】

虫姐　真奇妙,让我也试试。

【飞虫姐姐也打开了一盏灯。】

虫弟　姐姐你说,这道光里又会藏着什么呢?

虫姐　我说不好。这光金灿灿的,会不会藏着宝石。

虫弟　对,一定藏着宝石,让我进去看看。

【说着飞虫弟弟就扑向灯光。】

虫姐　当心!

虫弟　啊!

【飞虫被黄色的铜片弹了出来,躺倒在地晕了过去。】

虫姐　弟弟,你怎么啦? 弟弟,呜呜呜呜呜呜……

【小老鼠夫妇从洞里钻了出来。】

鼠男　老婆,你快看,这是什么东西? 躺着地板上。

鼠女　老公,这……哎呀,这不是小飞虫弟弟嘛。

鼠男　飞虫弟弟怎么啦?

虫姐　它去看这亮光里有什么,"啪"的一下被打出来啦!

鼠女　这亮光也是你们小飞虫可以钻进去看的?

鼠男　飞虫弟弟是触电了,老婆,快拨打 120 急救电话。

鼠女　哦对,喂! 120 急救中心吗? 这里是森林小屋。小飞虫触电了,生命垂危。

虫姐　(抢过电话)医生,我弟弟触电了,你们快来救救他吧!

鼠女　飞虫姐姐,别着急,我看飞虫弟弟还有救,你不要太伤心了。

鼠男　小飞虫弟弟怎么可以往灯光里面撞呢,这是电! 绝对不可以随便瞎碰的。

虫姐　怪我没有看好他。

鼠女　现在不是埋怨的时候,快想想接下来该怎么办。

【救护车警报声。】

鼠男　救护车来了!

鼠女　小飞虫在这里!

【蚂蚁四兄弟抬着担架跑上场。】

蚁甲　各就各位!

众蚁　是!

蚁乙　我来做人工呼吸!

蚁丙　我接着做!

蚁丁　小飞虫醒啦!

【鹿医生和鹿护士上。蚂蚁退。】

护士　请大家回避一下,我们要马上给小飞虫做手术。

【众退到侧面,鹿护士在飞虫弟弟身上罩上一块手术被单。】

虫姐　要是弟弟死了,我该怎么办啊?

鼠女　不会的。鹿医生本领很大的。

鼠男　触电的事可都是大事,我看小飞虫伤得不轻。

鼠女　老公,你这叫安慰人吗?

鼠男　我这叫实事求是。

医生　飞虫妹妹,幸亏小飞虫穿了探险装备,不然就无法抢救了!

虫姐　我弟弟他……

护士　他已经脱离危险了。

众　　真的!

医生　但是他的翅膀再也不能飞了。

虫姐　嗯。谢谢你们救了我弟弟。

医生　不用谢,好好照顾你弟弟吧。再见!

【鹿医生、护士退。】

虫姐　弟弟,你感觉好点了吗?

鼠男　小飞虫,你这次能保住生命,也算是个奇迹。

鼠女　幸亏你们穿了探险服装。

虫弟　可是,我的翅膀却永远不能再飞了。(对场上小观众)小朋友,我再也不能飞了,我的翅膀被电击坏了! 都是因为我不懂安全常识造成的。

虫姐　这是一个用生命换来的教训。小朋友们,我们一定要学好安全知识,珍惜生命!

众齐　对! 珍惜生命!! 珍惜生命!!!

剧终

(案例提供者：智趣园社团全体成员)

展示性评价过程中,展示的形式应该是多种多样的,也可与其他领域整合进行综合性展示。不局限于班级内、幼儿园内,可以充分挖掘周边的资源,如文广中心、社区等,也可以邀请专家与幼儿互动。此外,还可以将幼儿作品展和园主题活动相结合、与校园文化的优化有机地联结起来,让校园生活更具活力。

第五节　横看成岭侧成峰,远近高低各不同

《幼儿园教育指导纲要(试行)》明确指出:"幼儿园教育应尊重幼儿的人格和权利,尊重幼儿身心发展的规律和学习特点,促进每个幼儿富有个性的发展。"幼儿发展的问题是幼儿教育最根本的问题,整个幼儿教育正是围绕这一最根本的问题展开。依据幼儿的多元智能发展理论,我们在教育孩子的同时还要注意幼儿全面发展。在科学启蒙教育立体化教学模式建构中更不例外。

一、多一把尺,让教育契机零损失

评价幼儿成长的方法有很多种。如何构建以发展性评价为主,多层次、多主体参与的多元化评价体系? 如何恰当地运用动态评价,将评价的关注点放在幼儿学习的变化和发展上呢? 我们采用建立幼儿成长纪实的方法,是为教师提供了全面、科学地了解幼儿的窗口。不仅对幼儿发展有利,同时也促进了教师的成长,促进家长参与评价,达到家园共育作用,促进评价的顺利开展。科学启蒙教育立体化教学模式建构中坚持采用一种综合性的教育评价方法——"幼儿成长纪实"。这是指教师依据幼儿基础信息进行分析,家长提供成长素材,同伴用照片或绘画等形式记录下幼儿的成长螺旋曲线,形成教师、家长、幼儿共同参与的创新型评价机制。

(一)基础信息分析幼儿行为的依据

档案是指人们在各项社会活动中直接形成的各种形式的具有保存价值的原始记录。我们在幼儿进行科学活动时,均为每位幼儿建立一份幼儿成长档案,即是围绕幼儿,有目的地收集反映幼儿的个性特点、不同领域中的活动、行为等信息资料,从而真实反映幼儿发展变化的一种重要形式。

(二)家长参与,从平面到立体的延伸

"幼儿成长纪实"离不开对幼儿行为进行持续的观察、记录与评价,是幼儿园实施过程性、发展性评价的质性评价工具。我们利用电子技术,以视频、音频、图片、文本等多媒体形式收集、记录、评价幼儿成长过程中的信息,组织幼儿成长档案的内容。"幼儿成长纪实"是基于网络环境、借助电脑软件和手机 app 等,有目的、有计划地收集反映幼儿发展轨迹的相关资料,从而为指导和帮助幼儿的进一步发展提供依据。

(三)创新互评机制

"幼儿成长纪实"以"尊重天性,启迪灵性,陶冶品性,发展个性"的理念为主导,创新地采用了图文并茂的表现形式,将评价指标尽可能地转化为照片和图片(每幅照片、图画下写明评价指标)、幼儿作品,通过直观生动的形象让幼儿理解评价内容,了解评价结果,使成长手册成为孩子看得懂、能理解的一本"图书"。幼儿在科学探索的过程中,更注重用眼睛看世界,用嘴表达自己,用头脑思考问题,用手和脚探索自然。孩子们在经常翻阅中,会逐步加深自己对各方面发展情况的印象,知道自己哪些方面比较好,哪些方面不够,应该怎样做等等,潜移默化地增进自我了解,真正发挥评价对幼儿发展的促进作用。

二、灵活多样,成就完美成长记录

"成长纪实"在创建的过程中,既有幼儿与幼儿之间的社会性交往的互动,也有师幼之间的互动,同时也包含着家园互动。在这些互动过程中,不仅为孩子的成长留下了非常宝贵的财富,同时也有利于教师和家长更加全面地了解幼儿,为幼儿的成长发

展提供更加有力的帮助，为形成教师、家长的教育合力提供有效的支持。

（一）幼儿"纪实"，个体充分得到发展

幼儿"纪实"主要是幼儿自己参与提供的各种"文献材料"，其中有幼儿的基本信息、照片、作品、点滴进步记录、奖状以及老师的评价结果等。

1. 全面丰富"纪实"内容，让幼儿成为"纪实"主体

在"纪实"过程中，幼儿评价的自信心、主体性得到了充分体现。为了丰富"纪实"内容，我们开展了立体化科学活动。例如：小 A 在参加科学探索活动时从不积极主动回答问题，在集体面前说话会不知所措，回答问题的声音很小，甚至还会哭鼻子。教师通过观察后发现，小 A 和小朋友一起进行科学活动自主探索时会非常开心，讲话的声音也很响亮。持续观察后教师觉得孩子需要一种宽松、自由的环境氛围，题材应该是选择孩子感兴趣的。教师就有意识地创设情景，有目的、有计划地去收集各类能真实反映他在学习状况、学习特色、发展变化等方面的原始资料。在他的成长纪实中，刚开始，我们看到了他在集体活动中回答问题时难为情的样子；而在做"小小科学家"时却是像模像样，积极主动；在科学游戏中也尝试探索，专注做某一件事；他积极参与小组讨论和操作活动。通过使用"纪实"互动的方法呈现出小 A 出色的一面，小 A 渐渐地能主动积极地参与集体、小组活动，大胆在集体面前表达、表现自己的想法，树立他在学习上的信心、成就感和表现欲。幼儿对成人的评价非常敏感，往往以成人的评价作为自我评价的主要依据。经常得到成人肯定、鼓励的幼儿则能从成人对他的肯定与鼓励中获得信任感，产生自信心。我们在引导幼儿实现自己的目标时，可以对孩子说"你一定行""再试一试""你太棒了！"这些话语，使幼儿意识到教师对他的态度是肯定和鼓励。

2. 让幼儿参与记录"纪实"，提供生生互动的空间

我们在各类科学主题活动中设计了一些适合幼儿年龄特点和切合班级主题的相关表格，让幼儿把自己的学习行为用符号记录的方式记录下来，既锻炼了幼儿识别符号的能力，又进行了互评和自我评价。这种图文并茂式的记录内容，既能将各类评价综合灵活地加以运用，又可以反映较为抽象的文字符号评价，还可以展现直观形象的幼儿作品，展现过程性评价的发展性、延续性、直观性，便于操作，最终使评价信度更高。

（二）教师"纪实"，实现动态调整与成长

教师在"幼儿成长纪实"中可以用纪实评估法收集各类反映幼儿学习与发展状况的资料，并对自己的教育行为进行反思，实现动态调整，教师可以在对幼儿全面了解的基础上设计教学目标、选择课程资源、组织教学活动。

1. 以"纪实"为依据来分析幼儿，改进评价方式。

"幼儿成长纪实"是教师、家长、幼儿共同参与为幼儿进行评价而制作的，似乎没有对教师进行评价，何来教师发展？教师通过"幼儿成长纪实"能变"他律"为"自律"，提升自我工作、自我发展的主动性和积极性。教师在"幼儿成长纪实"中可以用纪实评估法收集各类反映幼儿学习与发展状况的资料，再对照自己的教育行为进行反思，不断地做自我评价，找出成功与失败的地方。教师可以在对幼儿全面了解的基础上设计教学目标、选择课程资源、组织教学活动。在这一不断反复的过程中，教师的教育教学能力、观察能力、反思能力及家长沟通能力都获得发展。

2. 利用"纪实"分析幼儿成长曲线，动态调整学习计划。

建立"幼儿成长纪实"，为教师的因材施教提供了依据。教师通过为幼儿收集"纪实"，可以了解到幼儿的生活习惯、思维特点、特长爱好、性格、能力以及弱点等，从而掌握幼儿发展状况。通过收集随着时间而发生的发展变化信息，容易发现孩子身上的闪光点。这样有利于教师进行分析与反思，及时调整自己的教育教学方法，增强教育的针对性。我们虽然一再提倡，在关注整体幼儿发展的同时，注重幼儿的个体差异，老师们从思想意识上有了一定认识，但在实际教学工作中却很难做到。通过"纪实"的整个建立过程，能够记得每一个孩子，加深了对每个幼儿的认识，有利于教师全面了解幼儿，增强教育的实效性。了解掌握了幼儿的发展水平，教师能根据幼儿的发展水平和需要，选择教学内容，变换教学手段，不断调整教学工作计划。

（三）家长"纪实"，让评价变得多元

《幼儿园教育指导纲要（试行）》指出："管理人员、教师、幼儿及家长均是幼儿园教育评价工作的参与者，评价过程是共同参与，相互支持与合作的过程。"只有将涉及幼儿的所有人（包括幼儿自己及同伴）的意见、观点都加以综合，评价才能真正反映幼儿的发展。"幼儿成长纪实"中，教师定期制作一些亲子观察及检测记录表，如主题活动结束后，请家长帮助幼儿利用家里环境进行检测或对幼儿在家中一些行为习惯养成进行调查等，让家长在家中对幼儿进行评估。由于孩子和父母的亲密关系，家长更有优

势和条件去细心观察、耐心测问,从而更好地了解幼儿,而孩子在没有紧张与压力感的测问中,表达得更自然与真实。要求家长参与评价,从正面的、积极的角度和侧面去发现孩子的进步和优点,运用激励性的语言鼓励孩子将不足修整和完善、将优点坚持发扬。通过参与评价与经常阅读成长记录袋,家长可以更好地了解幼儿园的课程内容和培养目标,了解孩子的潜力和弱项,以及是否在原有的水平上得到提高,从而客观公正地对孩子进行"纵向评价",并为幼儿园或教师提出更有效的教育对策,做到家园共育。

我们在实践中认识到:"幼儿成长纪实"不仅是对幼儿发展评价的有益材料,还是幼儿自我认识和自我评价发展的重要途径,是幼儿园教育教学活动的重要资源和素材,是教师了解和掌握幼儿发展状况的重要依据,是帮助家长了解幼儿发展、认识幼儿教育、建立经常性家园联系的有效活动。"幼儿成长纪实"既给幼儿成长道路上留下了一份珍贵的个性化资料,有效地激发了幼儿参与学习和活动的兴趣,培养了幼儿的自信心,同时也加强了家园沟通,改善了师生关系,帮助每个教师更加顺利地开展工作,也帮助每个教师更快地成长。"幼儿成长纪实"在今后的实践中,将会继续发挥它蕴藏着的丰富的教育评价作用。

幼儿发展是一个不间断的动态过程,注重幼儿个体个性化发展、因材施教,让评价值理念更专业化。评价内容落实多元化的发展目标、过程、方法、态度、情感等,让评价主体更多元化、更全面化。亲子访谈等活动可以让多方主体都参与到评价中,使得评价结果也更加科学、更客观。同时,幼儿身体素质、生长发育情况等方面可以通过同伴互评、幼儿自评、老师评语、家长评语等,对幼儿进行质性评价分析,使评价方法更科学化。对幼儿评价呈现多元化,让成长记录更完美!

第 六 章

站在管理的十字路口

未来世界的走向很大程度上取决于人们目前所拥有的科学素养。科学是知识、是过程、是世界观,未来世界的科学与当今儿童科学密切相关,儿童科学不同于成人科学,它是一种经验层次的科学知识,是一个自我建构的过程,是对世界的独特理解。作为幼儿教师,在学习了《3—6岁儿童学习与发展指南》的科学领域以后,发现"激发好奇心、求知欲和兴趣""观察、动手操作""自主探究""思考""交流"这些关键词是教师在教学中应该注重的关键,因此我园在实践的基础上提出了"立体化科学"这一关键主题。"立体化科学"是尊重幼儿在科学探索中的主体地位,注重幼儿探究的过程,在科学兴趣、习惯和能力三者互相交融、螺旋式上升的过程中,为其成为终身乐于探究的科学人奠定坚实的基础。

"立体化科学"不仅在内涵、目标、理念上表现立体,在管理上也实现了立体化模式,主要体现在以下三个方面:第一,科学探索过程立体。构成科学探索过程的四种基本活动形式动静交替,首先让幼儿从立体的科学探索进入平面的现象解读,再在多元活动中交流探索体会,最后把从探究中汲取的养分还原到学习和生活中,形成"从书本常识到生活"的立体化过程。第二,学习通路立体。幼儿在学习科学的过程中充分调动多种感官——听、说、记录、操作和思考,把耳朵、眼睛、嘴巴、四肢和大脑连结成一个立体的学习通路。第三,科学探索时空立体。幼儿科学探索的时空从幼儿园延伸到家庭、社区,乃至整个社会,形成相互关联、相互促进的科学探索场所。

我园将立体化科学管理的焦点放在了团队管理、专用活动室、区角变脸和主题场馆四个方面。按照《指南》中对科学领域的要求,整合现有科学探索资源,变平面探索为立体探索,实现空间和时间上的全覆盖。

第一节　团队,给种子生长的力量

我们深信,管理的艺术不是自上而下的"分配式",而应该是团队参与的"激发式",

让教师们主动地参与科学启蒙教育管理,发挥他们的主人翁意识,在团队管理中提升教师科学素养指导力,从而提高幼儿科学素养。

团队虽然是由个体组合而成,但绝不是简单的人群组合。真正的团队,是由一群心理上相互认知,行为上相互支持、相互影响,利益上相互联系、相互依存,目标上有共同向往的人结合在一起的人群集合体。团队中的成员互补技能,愿意为共同目的、业绩目标和方法而相互承担责任。团队能够充分发挥各成员的主观能动性,运用集体智慧将整个团队的人力、物力、财力集中于同一方向,创造出惊人的成绩。

一、以趣会友,激发内源力量

团队管理是把一盘散沙的员工凝聚成一个不可分割的有机整体,团队管理的结果是让有限的人力资源产生更大的工作绩效。我园成立科学启蒙教育的"智趣团队",以团队管理有效改进幼儿园管理方法,积极推进幼儿园立体化科学的领导,增强教师自主管理的意识。

(一)碰撞智慧火花

行之有效的团队管理,有利于教师个人素质的提高及整体教学水平的提升。智趣团队由对科学启蒙教育感兴趣的园所教师组成,他们根据幼儿的年龄特点和科探目标,定期对"智趣园"活动室材料、教师观察及支持策略进行研讨,通过团队间的交流,化个体经验为集体智慧,不断提升"智趣园"活动内涵。

(二)感触科技前沿

21世纪,科技发展瞬息万变,如何有效快速地接受科技变化,并用合适的教育形式启发幼儿探索,是幼儿教师开展科学活动要思考的关键。我园智趣团队每两周都会举行社团研讨,大家团结在一起说说最前沿的科技,研讨如何将最新科技引进幼儿的科学探索活动。社团研讨是集体智慧展示的场域,也是团队深入研究的阵地。

(三)建立共同愿景

我园智趣团队在解决问题时,共同克服障碍,相互建立信任,坚定实现培养幼儿科学素养的愿景,他们所做的每步努力都是为实现团队管理愿景。科技的快速发展使得智趣团队在将其转化为教育活动时面临着巨大的挑战,当然,这也为智趣团队的专业发展提供了更多的空间。

二、科技启智,激发无限可能

共同的兴趣是团队管理的基础,但要提高幼儿园科学启蒙教育的质量,光有兴趣还远远不够。智趣团队以"科技启智,让每一个孩子都有无限发展的可能"为共同目标,来凝聚每一位团队成员,使共同目标起到导向作用、凝聚作用、激励作用,不断提升社团教师的工作积极性、主动性和责任性。

(一) 组织管理网络化

幼儿园成立了科技教育领导小组,园长任组长,统筹安排;副园长和科技总辅导员为副组长,具体负责;责任心强、喜欢科技教育、聪明好学的教师和家长代表为组员,实施操作;聘请科技教育专家,定期参加科技活动,加强理论指导,解决实践中碰到的难题,探索实施教育方法策略。各工作人员分工明确,各司其职,全面开展科技启蒙教育。

(二) 过程管理民主化

民主是指一种按照预定的程序和规则,根据多数人的意愿做出决策的机制。智趣团队利用民主化管理机制,把教师顺利开展智趣活动当作决策的出发点和立足点,增强决策的科学性,避免片面性;智趣团队过程管理民主化利于促进教师对决策的理解,提高落实决策的自觉性,推动决策的实施;最后实施民主决策还利于提高教师参与智趣活动的热情和信心。因此,我园注重团队管理民主化,力求发挥团队成员最大的主观能动性。

1. 民主研讨智趣园规章制度。我园智趣团团长以微信为平台,向成员征集"你心中智趣团队的规章制度条例",制度来源于成员,经团长梳理,由智趣团队领导小组进行具体商讨,最终梳理成文,公布在校园信息平台上。教师可以对规章制度发表自己的看法和见解,获得成员的认同和支持。

2. 民主研讨智趣园幼儿发展目标。团队建设是基础,管理是关键,提升团队教学力才是根本。智趣团队以培养幼儿科学素养为目标,致力于提高教学质量。为更好发挥智趣园的作用,智趣团队十分重视各年龄段幼儿的智趣园培养目标,几经研讨,初步确立了各年龄段的智趣园发展目标。

3. 民主研讨智趣园呈现材料。智趣团队每两周开展一次研讨,精心研发设计,如以运动为载体,增加科技知识,让幼儿在完成运动目标的同时,得到科学启蒙教育和科学精神的培养。如"缤纷游乐场"——增加报纸、风车,让幼儿体验风的阻力;开心工地——提供扁担、装不同重量水的油桶等,在挑担的过程中体会粗浅的杠杆原理,了解平衡;乐陶陶小镇——铺设不同的道路(水泥路、斜坡路、石子健身路、木板路、障碍路),让幼儿在不同的道路上了解阻力。园所创设智趣专用活动室,幼儿每周两次在专用活动室探索。每学期组织"小淘气玩科学"家庭亲子游戏或头脑OM活动。

(三) 团队提升专业化

团队管理成员目标一致,只有大家努力的方向一致了,才能形成合力,实现团队预期目标。

1. 明确智趣园活动开展要求。团队人员在学期初认真制定学期智趣园实施计划,确保让每位教师明确智趣园活动开展计划及要求。教师要在活动过程中认真观察幼儿的探索过程,进行有效的过程指导及分享交流。每次活动开展中教师做好幼儿探索观察记录,活动后反思活动并填写活动改进建议,归入档案资料保存。

2. 开展智趣园活动交流。每学期初,智趣园团队都要制订好本学期智趣园教研计划和方案,组织智趣园教学观摩和交流活动,研究如何有效开展智趣园活动。

3. 评价反馈。园长、业务副园长定时对各班开展的智趣园活动进行听课指导,了解智趣园活动材料及教师教学情况,指导督促教师更好地运用智趣园开展科探活动。除此之外,我园骨干教师每月都会测试不同年龄段幼儿在智趣园的探索水平,根据测试结果进行有针对性的教师问卷调查,以收集改进智趣园活动的关键信息。

智趣团队凝聚了南翔幼儿园科学素养最强的教师,他们是同事眼中"聪明"的老师,是实干家。自智趣团队成立以来,他们参加了区"STEAM科创联盟"、创设了两个"智趣园"专用室、举办了"南翔幼儿园科技节"……这些成绩说明不少教师在团队引领下,逐渐形成了自己的特色,专业发展之路越来越明晰。

三、智趣共享，激发团队力量

自成立智趣团队以来，我们用心培养一支学习型、研究型和创造型的教师队伍，智趣团队将每个人的力量汇聚成一条有力的绳索，大家在立体化科学的引导下，积极发挥主观能动性，与科学并肩向前，一路走来，我们收获多多。

 **案例 6-1**

与科学并肩向前

他们是同事眼中"聪明"的老师，他们是实干派，他们掌握的是最前沿的科学教育理念，他们就是来自于南翔幼儿园智趣团队的老师们。一群愿意与科学并肩向前，将自己的智慧奉献给幼儿科学教育事业，并努力让科学教育的最新理念充斥校园的老师们。

转眼间，智趣团队成立至今已满三年。自成立以来，他们从参加区"STEAM 科创联盟"、创设两个"智趣园"活动室、举办"南翔幼儿园科技节"一直到参加"上海市教育教学展"，这一路走来，团队的每一位老师都奉献了自己的智慧和心血。团队规模也在不断地扩大，从原先的五个人到现在的十个人。他们共同为幼儿园评选嘉定区"科技教育特色学校"，评选"科技创新项目示范学校"，为迎接上海市一级幼儿园的复验工作，献出了他们的一份力量。

一、专家引领，保质保量

2015 年团队成立初期，蔡炎培老师来园引领团队的组织和建设，并将 STEAM+的理念引入幼儿园课程。2017 年起任尤芳老师来园定期指导科学教学活动。

通过一次次的指导、培训和学习，团队成员对 STEAM 理念有了深入的理解和运用。每月定期开展两次活动，每一次的活动，老师们都认真积极地参与。和其他团队不同的是，这是一个新生的团队，开天辟地，难度极大。他们的活动每一次都会需要较长的时间，不仅需要学习最新的理念，还要创设符合三个年龄段幼儿同时使用的"智趣园"活动室。为了让每一次的活动能够保质保量，在每次活动前，他们都会根据活动的主题,分头寻找资料,把准备工作都做好做足之后再开始活动,让每一次的活动过程都变得紧凑而有效。

可能正是由于他们的这份执着和负责的态度,在很短的时间内,活动室创设完成,编写了智趣园操作手册,活动室得到了来园参观的市级、区级领导和同行的一致好评,也得到了同事和孩子们的认可和喜欢,这是对他们最好的鼓励。

二、团结合作,共同进取

每个人都有自己闪光的地方,智趣团队的成员也不例外,虽然包含了老、中、青三代教师,但是他们分工合理,让大家都选择自己擅长的任务。老教师蕙心兰质,手巧心细,制作的教具精美细巧;成熟型教师有一定的教学经验,探索科学活动,将 STEAM 理念与课程结合进行实践;青年教师擅长信息技术,制作有趣的科技 FLASH 游戏。

通过三年的磨合,三代教师相互间的合作达到很高的默契。在此过程中,他们不仅在相互的合作中学到了很多的东西,也尝到了合作带来的甜蜜果实。

三、扩大辐射,家园获益

幼儿园教育需要家园合作,家庭科学教育一直是中国家庭比较匮乏的。团队的老师们发光发热,将科学的光芒辐射到了孩子们的家中。通过一年的铺垫,他们成功地设计并组织了两届南翔幼儿园科技节,家长们踊跃参加,孩子们在玩的过程中学科学。

历经三年,在各位专家、领导的帮助和指导下,在老师们的努力下,智趣团队迅速成长,连续四年参加"亲子嘉年华"并获优秀游戏奖,连续两年获区优秀科学育儿指导奖。除团队教师获奖,幼儿的科学素养也获得了极大的提升,如我园幼儿多次参与区级市级组织的头脑奥林匹克创新学习活动,并取得了不错的成绩,在《青年报》《新闻晨报》都有相关报道。

(案例提供者:倪瑛)

成长在智趣,同样的信念,让他们走到了一起。同样的执着,让他们相互共勉;同样的热情,让他们共同成长。智趣团队不仅为教师个人成长提供了积极的支持,在合作共事的过程中还逐步形成了一支科技思想活跃、作风严谨、富有献身精神的教师队伍,稳定了我园科教资源大后方,为幼儿科学素养的培养提供了保障,凸显了我园课程特色。

团队管理重团结稳定,营造坦诚正面的团队氛围,发现矛盾要及时处理,以保证团队团结稳定少流动;团队管理重总结沉淀,实践—反思总结—再实践—再反思总结,是螺旋提升做事效率的流程。在这个过程中,大家对前期活动中的优缺点进行梳理总结,沉淀提炼,就能提高团队作战力,保证团队的先进性。

第二节　专用活动室,成长的沃土

专用活动室,作为幼儿园的公共活动场所,它借助场地优势,承担着开发幼儿园课程,满足幼儿兴趣,支持幼儿自主探究的使命。虽然专用活动室并非上海市幼儿园评级的评判指标,但它却在各级各类幼儿园中十分普遍。目前上海市幼儿园的专用活动室主要有建构室、美工室、小社会、科探室和图书室等。我园实现立体化科学管理的一项重要内容就是建设科学专用活动室,为幼儿打造开放自由的探索环境,激发幼儿探索欲望,实现幼儿自主探索,凸显我园园本课程。

一、系统探究,魅力无限

科学专用活动室是师生共同创设的探索区,强调人与环境、材料间的相互作用,既有别于以教师预设为主、具有高控制性的科学集体教学活动,又有别于空间狭小、材料相对单一的科探区角活动。科学专用活动室的建设意义主要有:

(一) 浓厚探索氛围激发探索欲望
科学专用活动室会创设恢宏大气的科探情境,有从自然万物的奥秘出发进行创设的,有从科技感十足的宇宙探索创设的,环境创设能有效引导幼儿在情境中探索,激发幼儿探索欲望。

(二) 科学探索材料支持系统探索
科学专用活动室配备当下时新的科探设备及材料,与教室小区域探究材料相比更具科学性和时代性,更能满足幼儿探索学习材料全面、系统性的要求。当幼儿面对这些新颖又贴近生活的科探材料时,会被其深深吸引,在系统中感受科学的魅力。

(三) 多元探究主题丰富探索体验

科学专用活动室的探究主题更多元,包含声、光、电、磁、空气、水、力和平衡等多种主题。相比教室科探区域,主题更多元,更具探究顺序的逻辑性,符合幼儿的探究能力的发展顺序,可以满足不同幼儿的探究需求,丰富他们的探究体验。

(四) 广阔探索空间便利探究互动

科学专用活动室是根据幼儿探究兴趣和探究主题专门为他们创设的一个公共探索区域。与班级探究区域相比,它的空间范围更广阔,方便幼儿在探究过程中进行及时的交流与互动。

科学专用活动室是培养幼儿科学探究能力和创新精神的重要场所。科学专用活动室集探究和游戏为一体,创造性地为幼儿提供了一个体验式的科探空间,深受幼儿欢迎。

二、刚柔兼容,专享专用

我园科学专用活动室的名字是智趣园,它以"STEAM + OM"为主要研究内容,探讨如何发挥专用活动室在科学启蒙教育中的作用。学校课程实施领导小组定期对智趣园开展调研,以动态的调整让材料更适合孩子。在智趣园建设过程中,我们从多方面进行设计,总结出了不少宝贵的经验。

(一) 硬件建设,科学温馨

硬件设备是专用活动室的物质基础,只有从科学的角度出发,建造温馨高效的活动室,孩子们才能徜徉在科学的沃土上尽情探究。

1. 科学专用活动室的建造形式。专用活动室常用的建造形式有：长方形、正方形、六边形、八边形、扇形,长方形。方形的房屋结构有利于家具布置且结构简单,施工方便;而六边形、八边形等房屋结构适应幼儿的心理特征,形式活泼。依据我园实际情况,智趣园选择了长方形的房屋形式。

2. 科学专用活动室的照明及色彩设计。一间教室是否适合作为科学专用活动室，首先想到的就是它的照明及色彩情况。在活动室建立之初，智趣团队在这两方面进行了详细的考究，科学专用活动室可以利用大型窗户、阳台、门廊、温室花房及其他形式的室外通口，以达到合理引入自然光，还可以使用各种形式的照明设备，如桌灯、地灯，或装在墙上的自然光反光装置，以营造一个更为自然的照明效果。自然光的引入能为幼儿探索"物质和材料"提供便利，因此我园智趣园的窗户居多，尽可能地引入自然光。

3. 专用活动室墙面设计有趣、有境。"情境是一切认知活动的基础"，幼儿情绪是在暗示的作用下被唤起的，只有在优化的情境中，才可以激发兴趣，诱发学习主动性，持续强化学习兴趣，让幼儿体验学习的快乐，从而成长成才。

智趣园的墙面是一面"会说话的墙"，它能最大限度地激发幼儿的探究潜能。在智趣园的墙面设计上，我们是这样布置的：智趣园教室门口的走廊上是地下动物开展的大舞会，动物特征明显；智趣园主墙面上创设的是 3D 海洋世界，四周墙面上是陆地大世界，屋顶上衬着美丽的蓝天白云，整个教室就是一个仿真、活泼、有强烈吸引力的生态大环境。

4. 科学专用活动室的家具选择。专用室内的家具设备应根据幼儿体格发育特点进行选择，适应幼儿人体工学的要求。除此之外，还要考虑幼儿探究使用材料的安全性和便利性，如在打造桌柜角时要用圆弧状代替尖角，避免幼儿受伤；家具应坚固、轻巧，便于幼儿搬动；造型和色泽要新颖、美观，富有启发性和趣味性，以适应幼儿多种活动的需要。

(二) 活动运行，有理有据

专用活动室只有充分地开展各项探究活动，才能发挥它真正的作用。学校管理者要充分集聚大家的力量，设计有理有据的探究活动，保证幼儿活动顺利开展。

1. 活动来源。智趣园开展科学探索，其活动内容的适宜性是我园教师长期深入研究的一个课题。我们依照《3—6 岁儿童学习与发展指南》对科学探索领域目标的要求，从上海市二期课改教材、主题活动教材、科学领域参考书、园本资源库、文献参考及原创活动中进行筛选、讨论、实践及调整，认真观察幼儿在智趣园的每一次探索活动，围绕活动目标和幼儿发展，及时开展研讨，寻找适宜幼儿的探索活动。

除此之外，我们还充分挖掘家长资源和社区资源。如利用微信平台、园报、家长会等多种途径,充分调动家长、社区人员参与科技启蒙教育的积极性,从他们亲子探索的角度参与创编探索材料、寻找适合幼儿的探索方法;聘请有科技之长的家长(中小学物理教师、科技辅导员、社区积极分子)定期参与智趣园开放活动等,在此过程中幼儿、家长和教师共成长。

2. 活动时间。科学专用活动室的建设是为了让幼儿能在其中充分探索、发现,我们要充分保证幼儿在智趣园的探索时间。可以说,幼儿探索时间的保证,是保证幼儿在智趣园探索的重要前提。

3. 活动开展的制度保证。智趣园建立健全科技启蒙辅导员聘任制度、科技教师学习培训制度、科技教育管理制度、家长(社区)资源开发与利用制度、科技教师考核奖惩制度、财务预算保障制度等,不断健全领导机制、投入机制、协调机制和工作机制,保障科技教育的顺利开展。做到年初有计划,年中有推进,年末有考核,费用有落实。

(三) 材料提供,精心设计

有计划、有目的地投放材料是幼儿在科学活动室进行有效探索的物质基础,这对幼儿发展起着决定性作用。我们选择材料时既要考虑材料的科学性、新颖性,还要兼顾幼儿的年龄特点,使材料与幼儿探究产生有效连接。

1. 从幼儿生活经验出发,投放探索材料。科学活动专用室之所以专用,是体现它的科探材料与教室科探区角材料有所区别。科学活动专用室的材料应是幼儿感兴趣的,是具有较大操作空间和多种探索形式的。如何挖掘并将这些材料搬进智趣园呢?我们首先想到的是从幼儿的生活着手,从幼儿所熟悉的科学环境中进行挖掘,充分利用家长资源,一起收集幼儿在生活中感兴趣的探究材料,使幼儿探究材料具有情感性,激发幼儿探究欲望。

2. 从个体差异出发,有层次地投放材料。智趣园根据幼儿个体发展水平的差异,对同一材料进行分层次的投放,既能够关注到幼儿的个体差异,又能使教师的指导变得有目的、有计划、更有利于幼儿的发展。不同材料适合不同水平的幼儿,使大家在操作中均能得到发展,体验成功感。

3. 由易到难、循序渐进,有计划地提供材料。探究材料是支撑幼儿探索活动的基础,探究活动要实现它的价值,探究材料的提供就要符合幼儿最近发展区,这需要教师对本年龄段幼儿当前的教育目标有清晰的理解和把握,根据幼儿整体的发展水平,有计划、有阶段性地投放材料。如：在中班玩陀螺的探究区域，教师一开始提供各种颜色的陀螺，孩子们首先是探索不同颜色花纹的陀螺在旋转时会发生什么样的变化。随着孩子们对陀螺旋转后颜色变化的了解，教师又提供不同的介质帮助幼儿发现陀螺旋转的秘密，硬的介质陀螺能旋转吗？软的介质陀螺能旋转吗？它们在旋转的时候有什么不同吗？大班幼儿在探究陀螺时，就可以用不同的材料制作陀螺，感受不同材料制作的陀螺有什么不同。如此有计划、层层推进的材料提供才能使探究目标始终处于幼儿最近发展区中，使得探究活动显现价值，逐渐培育幼儿良好的探究能力。

（四）百花齐放，硕果累累

我园凭借智趣园的探究场所、设备和设施，组织师幼一起开展科探活动。几经努力，南翔幼儿园获得嘉定区绿色学校、嘉定区科技项目实验学校、嘉定区科技品牌阵地，在头脑 OM 等活动中屡次得奖。依靠智趣园，我们自信满满地将科技教育作为"十三五"重点发展项目，形成我园特色课程。我们已加入嘉定区幼儿园"科创"联盟，建立 STEAM＋OM 项目，聘请名师指导，时时调整活动室，积累实践经验，实现幼儿、家长和教师的探索共成长。总之，我们要科学规范地管理智趣园，充分发挥探索资源的使用价值，提升幼儿园全体师幼的科学素养，为培养幼儿的科创精神打下坚实的基础。

要充分发挥专用活动室的作用，管理者就要要求教师明晰科学专用活动室的价值定位，提高专用活动室的教学质量；确保教师钻研科学专用活动室的科探材料，提高教师在幼儿探索过程中的指导质量。除此之外，管理者还要协同大家一起有效处理不同年龄段幼儿共用一个科学专用活动室的矛盾，比如用颜色有效区分不同年龄段的操作材料，大班用蓝色篮子装操作材料，中班用黄色篮子装操作材料，小班用红色篮子装操作材料等。

第三节　区角变脸，自主的天地

幼儿园区角活动是幼儿自主学习的重要方式，其中，科学区角活动是幼儿自由探究科学的乐园。它作为实现立体化科学管理的重要方式，对幼儿科学知识的积累、科学方法的掌握和科学态度的形成都有潜在的影响。本章节从区角区域环境、材料、教师三方对幼儿的影响角度出发进行具体探讨,以期实现区角的完美变脸。

一、千变万化,彰显自主快乐

区角活动是指在幼儿园班级内存在的,教师根据教育目标、课程要求、幼儿身心发展特点及兴趣需要为幼儿创设的,可以让幼儿自主活动并获得主动发展的活动。一般设置有科学探索区(科探区、益智区、建构区)、表达表现区(美工区、语言区、表演区)和共同生活区(生活区、角色区)三大块区域。

区角活动不同于集体教学活动,在区角活动中,没有统一的要求和规则,幼儿有较强的自主性。我园非常重视幼儿区角学习研究,给教师创造机会进行区角学习的专业提升,如提供区角培训,扶持教师区角课题研究等。自研究以来,我们一致认为区角的区域环境、材料和教师是儿童区角自主学习的重要三元素,聚焦对他们的管理是区角优化的关键所在。

(一) 提升空间品质,快乐每寸光阴

《幼儿园教育指导纲要(试行)》中强调要通过空间、设施、材料引发和支持幼儿的活动和探索。对于主动学习的幼儿来说,他们需要一个通过自己的活动来进行学习的高效空间,空间品质不仅是幼儿活动的最基本条件,也是我们教师教育的反映。区角变脸之一乃变单一学习空间为立体互动式空间,它能增大幼儿自主学习的空间,链接幼儿与环境的关系,如此,幼儿才会在潜移默化中慢慢建构自己的知识体系,相伴生成新的最近发展区。

(二) 扩大材料功能,吸引每位幼儿

材料是儿童探索的直接对象,它能有效达到科学教育的目标,帮助幼儿了解相关的科学知识,发展幼儿观察、比较、分析、推论、合作等能力,铸就他们好奇、探究的科学品质。实践证明:凡是幼儿喜欢的活动,其材料都带有"玩"的味道,而这种带有"玩"味的活动,一定能够使幼儿对活动充满了期待和创造欲。因此"可玩性"的探究材料研究是很有必要的。在"可玩"的基础上,扩大物化材料的多功能性,使得探索材料"可变、可探",实现真正意义上的在"玩中学",激发每位幼儿的探索欲。

(三) 提升教师专业,共享每个发现

立体化科学管理的软实力体现在教师的教育教学水平上,教师全方位的指导策略能及时点拨幼儿在操作中观察到的科学现象,每次区角活动后能有一种离科学家近一点、再近一点的感觉。教师在幼儿探索过程中要慎介入、多观察、勤思考,尊重幼儿探索行为,这能更深入地理解幼儿的学习方式及探索发现,建立良好的师幼关系,更好地理解和认识幼儿。如何让每位教师都能成为幼儿探索的神助手,需要园所提供极大的支持,因此,园所为提升教师区角指导能力的一系列培训活动要有量有质。

二、空间材料,彰显瞬息万变

区角变脸需要在区角环境创设、区角材料提供及教师指导策略上做到同时优化,方可展现舞台上的精彩瞬间,来一次华丽的转身。

(一) 因地制宜,妙用空间

1. 物化空间广度的延续。为避免教育资源的隐性浪费,教师可运用兼容方式,努力打造全方位开放的活动空间,挖掘更多资源,如在午睡间打造生活区角;在走廊、通道做音乐区角;阳台可与科探、美工角进行兼容,做成一个生态化的小美世界。只要教师有兼容、全方位的区角理念,我们就可以巧妙运用空间进行区角上立体的延伸和扩展。区角空间在广度和密度上的拓展会给幼儿带来更丰富的活动内容,赋予他们更大空间上的自主性,生发更多的活动探索点。

2. 互动空间深度的延伸。有调查研究显示幼儿十分关注空间环境功能的有效性。3—6岁幼儿还无法大量识别文字,区角空间环境若想达到"互动"二字,首先要让幼儿感觉它有用,教师可根据幼儿的年龄特点,创设与幼儿当下学习情境紧密相关、难度适宜的区角空间环境。就探索区角墙面为例,教师要为幼儿在互动墙面上清楚、明确地表示出操作步骤,让儿童根据自己的能力水平自主探索;教师也可帮大班幼儿创设探索计划书,让幼儿在探索计划空间中留下自己探索的逻辑步骤,逐步帮助幼儿形成良好的探究品质。除此之外,在创设细节上,教师可以充分运用墙面、橱窗、窗台、角落配合宝丽板进行设计,立体式地充分运用区角空间让幼儿感受区角学习的魅力。

(二) 因人而异,巧用材料

"儿童的智慧源于材料。"区角材料的提供对幼儿行为的产生和发展有着非同寻常的作用。区角学习的最大特点在于它是幼儿自主性的学习,为体现教育的公平性,体现班级幼儿学习立体化进程,教师要因人而异,认真思考区角材料提供的适宜性。

1. 区角材料要可玩。能玩起来的材料要比专以知识技能为导向的验证材料更有吸引力。除了从幼儿身边搜寻区角材料,我们还需注意可玩性材料的几大特点。首先,材料要安全。在任何时候,安全永远排第一,供幼儿使用的自然物,要确保它本身无毒、无味,使用前要对其进行彻底的清洁消毒;对于本身有棱角的自然物,我们要将其变得圆润,适合幼儿使用;对于一些废旧材料,使用前要彻底清除其残留物,否则随着时间的推移,会有细菌增生。教师需要对每一份教玩具足够细心与贴心,幼儿才能在安全无害中尽情探索。其次,关注材料的情感性。富有情感性的区角材料对幼儿来说更有亲和力,幼儿也愿意投入到这种熟悉的材料探索中,如自然角种植区,孩子们对自己拿来的植物特别钟爱,会坚持每天去照顾它,给它记录生长数据。最后,活化材料的自然性。成品教玩具都是经过各种工序的打磨,大部分以塑料品呈现,对幼儿来说,探索体验过于单一,缺乏探索好奇性。让区角材料回归自然,活化探索的自然性,还生活以本来的面貌。如平衡区的探索可以赋予买卖蔬菜的生活自然性,避免探索的无目的性及假想性,挑选的蔬菜可以是比较耐放的蔬菜,如胡萝卜、土豆、紫薯、红薯等,食物出现腐化前,及时进行更换,这个版块也可以结合自然角进行。

2. 区角材料要可变。可以从材料的层次性和动态性两方面进行。首先,巧设材料的层次性。由于幼儿生活经验、学习方式各不相同,学习能力和发展速度也有不同,因此,材料的层次性是教师要考虑的必要因素。如在探索沉浮区,教师可以为幼儿提供探索原材料、半成品和成品。幼儿可以使用教师提供的成品材料进行探索,也可以将半成品、原材料进行加工完成后,再下水探索。这样既能考虑"吃不了"的幼儿,还要兼顾到"吃不饱"的幼儿,使每一个幼儿都能在适宜的环境中获得发展。其次,幻化材料的动态性。一个探索区的材料不能一成不变,教师要根据教育目标和幼儿的发展需求,定期或不定期地进行调整、补充,满足幼儿探索的欲望。如对幼儿已经操作比较熟悉的材料,尝试组合、添加、删减、细化、收藏再复出等方法,赋予材料以新的生命力,使活动的扩展和深化更符合幼儿的最近发展区。

3. 区角材料要可探。科探材料的探究性就是其存在的主要目标,将问题隐藏在探究材料中,鼓励幼儿积极动手、动脑,联系生活实际,积极与环境互动,顺利完成科探区角学习的目标性。如利用身体做各种造型探索光影关系,让幼儿感受光和影子之间的相互关系。

(三) 成长助力,精彩分享

教师是实现立体化科学的软实力,他们的指导犹如一束温润的光束,在幼儿需要时可以为他们指引探索方向。我园主要从四个方面提升教师的区角指导能力。第一,通过园务会议,再次明确我园立体化科学研究的教学目标,帮助全体教师梳理大小教研的主攻方向;第二,建立有利于提高教师区角指导能力的实践平台,如提供专用经费支持教师在班级内实践研究科学探索区,建立智趣园等教学实践场所等;第三,为教师的立体化科学理论学习及经验分享建立专门的学习平台,主要有网络系统平台、资源共享平台、项目组活动平台;第四,进行"一课三研"的科学集体教学活动专题研究,以观摩活动为例,帮助教师梳理提高科学集体教学活动的具体策略;第五,全园大小教研互链接,尝试通过区角学习活动的观摩研讨,帮助教师梳理科探区角活动材料的适宜性及交流分享的策略。园所通过一系列的教师管理培训策略,共同为提高立体化科学管理的软实力做努力。在两年的实践活动中,我们也取得了可喜的进步,如多名教师自创的科学教案参加了区里的学科改进计划;撰写了与立体化科学相关的一系列课题文章;对外开放了一系列的区角活动;积累了一些优秀教学资源,为后续开展科学集体教学提供了更为详实的参考,幼儿的科学素养相比之前有了很大的提高。

区角活动是幼儿园一日活动的重要组成部分,它需要教师在材料投放、过程指导、集体分享过程中发挥教育智慧。幼儿园一定要为教师提供充分的学习机会,让教师多观摩优质区角活动,并做到研后实践,让教师在实践中提升自己的专业化素养。

第四节 主题场馆,小眼睛里有大世界

现如今,社会科学主题场馆资源日渐增多,幼儿不仅在幼儿园内可以接触到科学教育,在生活中的各个主题场馆也能开展科学活动。主题场馆是指:幼儿在具有科学

主题的场馆内进行情景化学习,通过亲身参与,并与展品互动,获得真实而深刻的体验。而区别于校内的主题场馆,利用社会资源的一些主题场馆对幼儿科学素养的养成具有积极作用。在活动中,可以培养幼儿发现问题、创造性地解决问题的能力。在一些合作类的活动中,可以培养幼儿的合作意识以及协商能力。

一、谱写多元体验序曲

管理,顾名思义是管辖和处理的意义。"管"即管辖,是要对一定范围的对象进行全面的管辖,"理"即理顺,就是要把所管的具体对象和工作理顺、理好。在走出校门的主题场馆内开展立体化科学活动,本着管理的原意和幼儿园的实际情况,我们将"管"与"理"结合,建立多层次的管理网络及内容。通过层层指挥、监督、控制管理,理顺各层次之间的协调、配合、指导关系,形成管理上纵横交错的管理层次效应。主题场馆内的立体化科学活动管理,是指立体化科学启蒙教育的内容是面向幼儿的生活实际,寻找到科学启蒙教育与幼儿生活的最佳结合点,使科学教育走进幼儿的生活,更走进幼儿的心灵,形成科学的态度与良好的学习品质。

(一) 寻找生长的支点

主题场馆在不同的时代被赋予不同的意义。如今,它包含的种类很多,范围涉及面比较广,有博物馆、科技馆、水族馆、美术馆、心理咨询馆等各类场馆。随着时代变迁,这些主题场馆的功能发生了转变。它们不仅仅是保存文物或者展示展品的场所,而是由原来的收藏、展览、研究功能逐渐扩展到具有教育功能;从过去的标本、展品、模型展示逐渐丰富为许多互动型的操作呈现,以更加通俗易懂、轻松活泼的方式激发参观者的学习兴趣,如科技馆里的机器模型操作。

(二) 发现浩瀚的未知

在主题场馆内开展的立体化科学活动是发展幼儿社会交往能力,培养幼儿的独立性和意志品质的最佳途径。但在以往的外出实践活动及与家长的交流中我们发现,组织幼儿外出活动时,由于场地的宽泛,外界新鲜事物的刺激,以及幼儿与生俱来的活泼、好动,孩子经常会好奇地去"探险",他们不能预见行为的后果,缺乏自我防护的意识和能力，对在主题场馆里的一些科学知识的探究方法也不清楚。因此，对于在这类主题场馆内开展的立体化科学活动的管理也显得尤为重要。

主题场馆中寻找生长的支点，发现浩瀚的未知。立体化科学活动的管理，帮助幼儿寻找科学启蒙与生活的契合点，使科学走进幼儿生活。

二、奏响智慧管理交响曲

教师在主题场馆实施立体化科学启蒙教育时，首先，要确定主题场馆；其次，要做好实施科学启蒙教育的准备；再次，要在活动中进行管理；最后，进行总结反思，提升教师在主题场馆内实施立体化科学启蒙教育的立体化管理。

（一）眷注每一次成长

主题场馆中的展品都是经过精心设计的，但只有符合幼儿发展的主题场馆，才能保证幼儿在参观与互动过程中有所收获。因此，我们从以下几个方面考虑，为幼儿选择主题场馆。

1. 适合幼儿成长。杜威提出"教育即经验"，在适合幼儿身体成长和心灵成长的主题场馆中，所接触的内容是幼儿可以理解的，对他们的经验积累、发展是有帮助的，那么这些"经验"就自然为教育所服务了。

《幼儿园教育指导纲要（试行）》中指出，幼儿园教育应尊重幼儿身心发展的规律和学习特点，充分关注幼儿的经验，引导幼儿在生活和活动中生动、活泼、主动地学习。因此，在为幼儿选择科学活动的主题场馆时要关注各年龄段幼儿的科学探索的特点。3—4岁幼儿刚从家庭或托儿所进入幼儿园，他们已从成人那里或日常生活中获得一些关于周围事物或现象的印象，其中可能有些是正确的，有些是错误的。而且他们的思维正处于直觉行动性思维向具体形象思维的过渡阶段。4—5岁的幼儿好奇好问，更加活泼好动，对大自然发生浓厚的兴趣，什么都想去看看摸摸，学会用感官去探索、了解新事物，再向成人的提问。5—6岁的幼儿抽象思维逻辑思维已开始萌芽，他们不但爱问："是什么""为什么"，而且还想知道"怎么来的""什么做的"，对自然现象的起源和机械运动的原理等开始感兴趣，渴望得到科学的答案。

根据幼儿年龄特点，我们从幼儿生活经验出发，将周边的场馆资源进行梳理，选择适宜的科学启蒙教育体验内容。如：幼儿对动物有天生的亲近感，结合"动物花花衣"主题，我们为小班宝宝选择附近的奶牛场进行参观体验，在为奶牛挤奶、喂草的过程中，与奶牛"亲密接触"。组织中班幼儿参观长风海洋世界，认识不同的海洋生物。让大班的孩子走进上海野生动物园，拓展对动物的认识。

2. 符合本园实际。南翔幼儿园坐落在有着 1500 年悠久历史的古镇南翔，这里有着深厚的文化底蕴和丰富的自然资源。我们把南翔的本土资源纳入到主题场馆资源中，成为科学启蒙教育的立体化延伸。列举如下：(1)南翔老街：南翔小笼、草头饼、老街汤圆等各种食物；(2)古猗园：不同种类的竹子、花卉、庭院；(3)古代立交桥：天恩桥；(4)南翔历史陈列馆；(5)南翔智地：酷玩逗点、机器人。

(二) 倾心每一次筹划

俗话说：兵马未动，粮草先行。在开展主题场馆的科学启蒙教育活动前，对物质进行细致准备、对经验进行系统梳理、与场馆进行有效沟通、对活动方案进行全面思考是有效开展立体化科学启蒙教育的后勤保障。因此，笔者将在物质准备、经验准备、与场馆沟通、活动方案细化等方面展开论述。

1. 物质准备。进入场馆的科学启蒙教育活动需要根据教学活动实际准备物品。比如：在大班幼儿前往图书馆时，教师为幼儿准备了照相机和摄像机，对活动进行记录；由于路程较长且幼儿活动量较大，保育员为每位幼儿垫上汗巾及准备了饮用水。

2. 经验准备。在开展活动前，要清晰了解到幼儿现有的关于该场馆的科学经验。教师要指导幼儿了解参观的目的和有关场馆内的活动要求。

3. 与场所的沟通。活动前，要与场馆方进行及时沟通，确定时间、参与人数、带队教师及场所所需要提供的服务等信息。

4. 活动方案细化。一个完善的活动方案能让科学启蒙教育活动事半功倍，活动方案的设计要遵循以下原则：

一是面向幼儿原则。在主题场馆开展的立体化科学启蒙教育设计的出发点和根本点是幼儿，应该基于幼儿的需要及最近发展区设计活动。同时，活动设计从内容到方法既应面向全体，同时应该考虑照顾个别差异，使每个幼儿在不同的起点上都得到一定的发展。

二是整体性原则。在场馆中的立体化科学启蒙教育方案要将各种教育活动、教育形式与方法、手段有机整合。同时，还应将方案的设计看作一个完整的系统。

三是可操作性原则。可操作性原则是指课程设计具有可操作性的特点，便于实施。在进行设计时，要考虑到实施的可行性，不可要求过高，内容过多，和实际脱节，从而造成课程实施的困难。同时，在进行课程设计时，要考虑到课程实施的可操作性，要有具体的要求、具体的指标，可以参照要求和指标进行课程的实施；不可过于抽象、过于理论化、复杂化，造成课程实施的困难。

四是因地制宜原则。在设计方案时，要根据本地区、本园、本班级的具体情况进行，充分依托周边资源进行立体化科学启蒙教育，切忌盲目模仿。

（三）每个孩子都是发现家

1931年春，陶行知以大无畏的精神回到了上海，他发起了"科学下嫁"运动，开展面向全社会的科学普及教育。陶行知提出要把科学下嫁给大众，下嫁给儿童，他说："要使科学变得同阳光、空气一样普遍，人人都能享受，这就需要一个科学下嫁运动。"[1]在进行幼儿科学教育的时候，要生活化、实用化。

1. 自主观察、引导观察。观察一直是幼儿面临的最大的难题。教师有意识引导幼儿逐步掌握观察的策略方法，使得幼儿的观察力更加细致、全面、有效。

运用多种感官进行观察。各主题场馆内都有丰富的观察资源，我们在主题场馆内要充分挖掘这类可观察的资源，引导幼儿运用视觉、听觉、触觉等感官进行观察。

运用比较的方法进行观察。在一些主题场馆，可以通过比较的方式进行观察。比如：在东方绿洲的参观中，可以引导幼儿观察同种植物的不同生长速度，找到影响植物生长的因素，逐步掌握比较观察的方法。

激发幼儿持续观察的兴趣。教师对幼儿的观察要及时给予肯定和表扬，鼓励幼儿持续观察和记录。同时，经常组织幼儿交流记录本，适时鼓励记录认真的幼儿。

2. 分享交流。活动后，教师可以组织幼儿开展分享交流活动。交流分享环节看似是个短暂的环节，然而却是一个幼儿集智的过程，它可以调动幼儿学习的主动性、积极性，培养幼儿各种思维能力。教师要把握好每一次的交流分享环节，运用合理的教学策略，提高交流分享环节的有效性。

---

① 范凯.陶行知的幼儿科学教育理论与实践[J].新课程（上），2015(12).

"打包"交流——提升分享交流的实效。所谓的"打包"交流,就是教师引导幼儿将观察、活动的情况进行分类,将相同的内容进行"打包",这样不仅缩短了交流的时间,也避免了幼儿重复介绍,提高交流的实效。

问题讨论法——帮助幼儿解决困难。对科学活动学习中不少幼儿都感到困难的问题,教师要在集体分享时提出来进行集体讨论,以帮助这些幼儿寻找到解决困难的方法。在问题讨论前,教师可先请其中一位幼儿说一说操作中遇到的困难是什么,然后发动大家一起来动脑筋想办法。

互相验证法——培养幼儿思维的辩证性。互相验证法就是幼儿相互间验证操作结果。在一些操作结果相同的活动中可以让幼儿互相验证,如果有错误,幼儿会通过结果的不同,发现自己或他人的错误。

3. 观察后梳理提升。大部分教师都能认识到分享交流的重要,但常会为交流枯燥无趣而烦恼,其实可以将儿歌等形式融入其中,用有节奏的语言来提升幼儿的科学经验,有韵律的语言能更好地吸引幼儿,也更容易被幼儿所记住,从而将抽象的科学原理具体化。

4. 拓展延伸。对于主题场馆的立体化科学活动在结束后并不意味着活动结束了,而应该将幼儿感兴趣的活动进行高低结构的转换,将这些内容放到教室里、家庭中继续延伸,对幼儿进行持续的影响。

(四) 平视自我,储存前行动力

教育学家杜威在 1904 年发表的《教育理论与实践的关系》一文中,曾经提出:"老师的专业成长离不开对自己教育实践中经验、信念、知识以及自身优劣的分析,当你着手于分析、反思这些问题时,你就已经开始了自己的成长历程。从某种程度上讲,反思应该是从发现问题开始的。"[1] 由此可见,教学反思是幼儿教师有效提升教育活动质量、促进自身专业发展和幼儿全面发展的重要途径。在实施主题场馆的立体化科学启蒙教育后,教师可以对活动中幼儿科学知识的收获、活动中教育教学的策略、活动中的细节进行反思。

---

① (美)杜威(Dewey). 杜威全集[M]. 上海:华东师范大学出版社,2012.

后 记

　　这是一个最好的时代。科学技术迅猛发展,为人们的生活带来了极大的便利。特别是新时代的孩子们,从出生就感受着科技时代的优越性。

　　如何让孩子们在这最好的时代中获得最好的科学教育?有人说科学领域的教育很深奥,科学是很难把握的一门学科,而儿童科学和成人科学是不一样的。那么儿童的科学教育到底是什么样的?

　　文章合为时而著。经过多年潜心研究,老师们在不断的研究中思考着、实践着、反思着,基于幼儿的兴趣、经验,通过幼儿与学校、社区、各种场馆的互动,将幼儿对科学的兴趣、对过程的体验、对结果的好奇与探究等进行最大程度的激发和维护,让幼儿通过直接、具体的参与,不断进行自我建构,用立体化教育模式促进幼儿在科学启蒙教育中的全面发展。

　　《儿童是天生的探索者:360°科学启蒙教育》的出版,是我们多年思维碰撞的结果,也是每位教师成长的见证。本书共分为六章,第一章由赵洁玉老师、宋艳老师执笔,第二章由金培华老师、沈懿老师执笔,第三章由李雪飞老师、赵锦丽老师执笔,第四章由李华亚老师执笔,第五章由汪芳老师、张秋艳老师执笔,第六章由田宝英老师、朱婕老师执笔。

　　这些年来,我们围绕嘉定品质教育,在科技特色办园的过程中不断尝试与探索,旨在让每一个孩子在早期经验中获得难以忘怀的探索经历,在满足好奇心的同时获得科学的思维方式及科学探索的方法。当然,我们培养的不是未来的科学家,而是能适应未来科技社会,具有初步的、朦胧的科学素养的公民。我们希望让孩子们知道更多一点的科学知识,希望他们能够用简单的科学方法思考问题、解决问题,希望他们踏着时代的节奏而行,在心里埋下一颗科学种子……

　　此书,是我们的思考和行动后留下的一丝薪火,是从昨天走来,在此时此地留下的一点痕迹,希望对您有所启益!

　　感谢上海市教育科学研究院杨四耕老师,他为老师们提供了最为专业的指导;感谢全体老师,他们的专业智慧值得骄傲;感谢华东师范大学出版社刘佳老师,她的专业精神值得钦佩!

本书编委会

2019 年 10 月 7 日

学校课程发展丛书

数学学科课程群	978 - 7 - 5675 - 9445 - 6	58.00	2019 年 8 月
科学学科课程群	978 - 7 - 5675 - 9593 - 4	34.00	2019 年 9 月
核心素养与课程设计	978 - 7 - 5675 - 9462 - 3	46.00	2019 年 9 月
语文学科课程群	978 - 7 - 5675 - 9441 - 8	56.00	2019 年 9 月
品牌培育与学校课程	978 - 7 - 5675 - 9372 - 5	39.00	2019 年 9 月
英语学科课程群	978 - 7 - 5675 - 9575 - 0	39.00	2019 年 10 月
体艺学科课程群	978 - 7 - 5675 - 9594 - 1	34.00	2019 年 10 月
跨学科课程的 20 个创意设计	978 - 7 - 5675 - 9576 - 7	34.00	2019 年 10 月
学校课程与文化变革	978 - 7 - 5675 - 9343 - 5	52.00	2019 年 10 月

品质课程实验研究丛书

学校课程框架的建构:HOME 课程的旨趣与架构

	978 - 7 - 5675 - 9167 - 7	36.00	2019 年 9 月

聚焦育人目标的课程设计:红棉花季课程的愿景与追求

	978 - 7 - 5675 - 9233 - 9	39.00	2019 年 10 月

核心素养导向的课程设计:花园式课程的文化与聚焦

	978 - 7 - 5675 - 9037 - 3	48.00	2019 年 10 月

学校课程文化的实践脉络:百步梯课程的逻辑与架构

	978 - 7 - 5675 - 9140 - 0	48.00	2019 年 11 月

学校课程发展策略:SMILE 课程的逻辑与深度

	978 - 7 - 5675 - 9302 - 2	46.00	2019 年 12 月

学校课程深度变革丛书

进入学科深处的六个秘密	978 - 7 - 5675 - 5810 - 6	28.00	2016 年 12 月
新美课程:演绎生命之诗	978 - 7 - 5675 - 7552 - 3	48.00	2018 年 5 月
跨界学习:学校课程变革的新取向	978 - 7 - 5675 - 7612 - 4	34.00	2018 年 6 月
以学习为中心的课程实施	978 - 7 - 5675 - 7817 - 3	48.00	2018 年 8 月
聚焦学习的课程评估:L - ADDER 课程评估工具与应用			
	978 - 7 - 5675 - 7919 - 4	40.00	2018 年 11 月
学科核心素养与学科课程群	978 - 7 - 5675 - 8339 - 9	48.00	2019 年 1 月
大风车课程:童趣与想象	978 - 7 - 5675 - 8674 - 1	38.00	2019 年 3 月
蒲公英课程 : 综合实践活动课程的校本创意与深度			
	978 - 7 - 5675 - 8673 - 4	52.00	2019 年 3 月
MY 课程:叩响儿童心灵	978 - 7 - 5675 - 7974 - 3	39.00	2018 年 10 月
课程实施的 10 种模式	978 - 7 - 5675 - 8328 - 3	45.00	2019 年 1 月
聚焦式课程变革:制度设计与深度推进	978 - 7 - 5675 - 8846 - 2	36.00	2019 年 4 月
以素养为核心的学科课程图谱	978 - 7 - 5675 - 9041 - 0	58.00	2019 年 4 月
全经验课程:在地文化与实践演绎	978 - 7 - 5675 - 8957 - 5	54.00	2019 年 6 月

品质课程丛书

活跃的课程图景	978 - 7 - 5675 - 6941 - 6	42.00	2017 年 11 月
课程情愫:学校课程发展的另类维度	978 - 7 - 5675 - 7014 - 6	42.00	2017 年 11 月
突破大杂烩:有逻辑的学校课程变革	978 - 7 - 5675 - 6998 - 0	52.00	2017 年 11 月
课程群:学习的深度聚焦	978 - 7 - 5675 - 6981 - 2	45.00	2017 年 11 月
嵌入式课程:特色课程的路径和方略	978 - 7 - 5675 - 6947 - 8	42.00	2017 年 11 月

特色学校聚焦丛书

每一个孩子都是一棵树　　　　　978 - 7 - 5675 - 6978 - 2　28.00　　2018 年 1 月
教育不是一个人的事:"众教育"36 条　978 - 7 - 5675 - 7649 - 0　32.00　　2018 年 8 月
不一样的生命,一样的精彩　　　978 - 7 - 5675 - 8675 - 8　34.00　　2019 年 3 月
童味正醇:特色学校的文化图谱　　978 - 7 - 5675 - 8944 - 5　39.00　　2019 年 8 月
特色普通高中课程建设探索　　　978 - 7 - 5675 - 9574 - 3　34.00　　2019 年 10 月
儿童是天生的探索者:360°科学启蒙教育

　　　　　　　　　　　　　　978 - 7 - 5675 - 9273 - 5　36.00　　2020 年 2 月

图书在版编目(CIP)数据

儿童是天生的探索者：360°科学启蒙教育/邓姝雯
主编.—上海：华东师范大学出版社，2019
（特色学校聚焦丛书）
ISBN 978-7-5675-9273-5

Ⅰ.①儿… Ⅱ.①邓… Ⅲ.①科学知识－教学研究－
学前教育 Ⅳ.①G613.3

中国版本图书馆 CIP 数据核字（2019）第 220583 号

特色学校聚焦丛书
儿童是天生的探索者：360°科学启蒙教育

丛书主编 杨四耕
主　　编 邓姝雯
责任编辑 刘　佳
项目编辑 林青荻
特约审读 施寿华
责任校对 吴　杨
装帧设计 卢晓红

出版发行 华东师范大学出版社
社　　址 上海市中山北路 3663 号　邮编 200062
网　　址 www.ecnupress.com.cn
电　　话 021-60821666　行政传真 021-62572105
客服电话 021-62865537　门市（邮购）电话 021-62869887
地　　址 上海市中山北路 3663 号华东师范大学校内先锋路口
网　　店 http://hdsdcbs.tmall.com

印 刷 者 浙江临安曙光印务有限公司
开　　本 787×1092　16 开
印　　张 11.75
字　　数 179 千字
版　　次 2020 年 2 月第 1 版
印　　次 2020 年 9 月第 2 次
书　　号 ISBN 978-7-5675-9273-5
定　　价 36.00 元

出 版 人 王　焰

（如发现本版图书有印订质量问题，请寄回本社客服中心调换或电话 021-62865537 联系）